排斥与包容:转型期的城市贫困救助政策

于秀丽　著

商　务　印　书　馆

2009年・北京

图书在版编目(CIP)数据

排斥与包容:转型期的城市贫困救助政策/于秀丽著. 北京:商务印书馆,2009
ISBN 978-7-100-05936-7

I. 排… II. 于… III. 城市—贫困—社会救济—政策—研究—中国 IV. D632.1

中国版本图书馆 CIP 数据核字(2008)第 122287 号

排斥与包容:转型期的城市贫困救助政策

于秀丽 著

商 务 印 书 馆 出 版
(北京王府井大街 36 号 邮政编码 100710)
商 务 印 书 馆 发 行
北京市白帆印务有限公司印刷
ISBN 978-7-100-05936-7

2009 年 6 月第 1 版 开本 880×1230 1/32
2009 年 6 月北京第 1 次印刷 印张 7¾

定价:22.00 元

目　录

前　言

民以食为天。古往今来,衣食温饱乃天字第一号的民生问题。尽管贫困的标准在经济社会发展的各个阶段有所不同,但是就中国而言,在当前和今后一个相当长的时期内,温饱问题仍然是一个最重要的衡量指标。消除贫困,实施社会救助, 个核心问题就是要解决温饱,保障城乡居民的基本生活。胡锦涛主席在中国共产党十七大报告中提出"加快建立覆盖城乡居民的社会保障体系,保障人民基本生活","健全社会救助体系",更进一步提出 2020 年全面建设小康社会的奋斗目标,包括"覆盖城乡居民的社会保障体系基本建立,人人享有基本生活保障","绝对贫困现象基本消除"等,勾画出未来一个时期中国解决贫困与社会救助问题的蓝图。

无论从现实还是从理论上看,贫困与救助问题都是炙手可热的话题。近年来,贫困及救助问题作为社会学、经济学中政治色彩最强的领域之一,受到世界各国的关注。西方福利制度改革也大都集中在社会救助层面,尚有大量的理论问题有待于研究和解决,贫困及救助今后仍将是社会科学的重要研究领域之一。同时,我国经济社会全面转型的特殊性,也对这一理论问题提出若干新的挑战。一个不容回避的挑战便是,随着我国经济社会的迅速和全面转型,党中央明确提出构建和谐社会的战略目标。而现实中,以贫困问题为诱因的一系列社会不和谐因素依然存在,在一些地方甚至还很严重。如何最大限度地减少和减轻贫困,有效医治许多社会病症和消除社会裂痕,从而实现社会包容,让全体社会成员分享改革开放和发展带来的成果,无疑是一个极具现实意义的课题。

我们很幸运,因为生活在这样一个全新的历史年代,亲历经济社会的又一次重大历史转折。当"变"和"变革"成为这个时代主题的时候,新旧事物的更迭,常常在人们不经意间悄然发生。事实上,变革中的成果与变革中的难题如影相随。贫困与救助问题的政策变革同样如此,如何应对这些实践或者理论中的难题,为有志于此的学者提供了广阔的舞台。

自2003年开始攻读博士学位时起,我就把贫困以及相关社会保障问题作为自己的研究方向。之后,我相继参与了国内多次相关调查和研究课题,开始系统地接触中国贫困问题和国内外理论学说,深入思考中国经济社会转型期城市贫困的有关理论和实际问题。2005年,我成功申请了日本早稻田大学21COE-GLOPE项目组资助,更使我有机会了解日本社会的贫困及生活保护制度,以国际和对比的视角重新思考这些理论与实际问题。

"城市贫困"作为社会全面转型背景下出现的新问题,表现出了我国贫困的全新特征,这就揭示出,解决中国转型期城市贫困问题不能沿袭传统的城市贫困救助的策略,而应另辟蹊径,寻求适应转型期城市经济社会特征的新策略、新方法。社会救助政策作为转型期反贫困的重要和必要手段,在经济和社会转型前后经历了重大变化。系统分析和评价这一变迁是本书研究的核心内容,包括政策主体(政府、单位、家庭和个人)的角色变化、政策选择的影响因素以及现行救助政策中存在的亟待解决的理论和实践问题。转型前后政府贫困救助政策的基点到底立于何处,"重控制"抑或"促和谐"?救助政策的转型过程偏向于何者,排斥抑或包容？救助的社会效果是否让全体社会成员，尤其是贫困群体分享到了改革开放和经济增长的成果？这些问题无疑是影响和决定政策取向的根本所在。

因此，本书的研究特色和价值在于：首先，使用历史的研究方法，收集、分析和总结新中国成立五十多年来贫困问题及救助政策的发展，为经济社会转型前后的对比研究作了翔实的基础准备；其次，系统剖析中国转型期城市贫困的理论问题，包括转型的特殊背景与城市贫困，特别是救助政策之间的相关命题；再次，系统分析和评价中国转型期城市贫困救助政策的发展、问题、变化实质性以及影响因素命题。此外，作为研究者，我也期望以上述理论分析为基础提出的政策建议能够为政府决策提供参考，或者能给决策者一些启示，果然如此，也算是研究成果所带来的社会效应。

本书脱胎于我的博士论文，自 2006 年起，在吸取诸位知名答辩专家意见后，以不断更新的观察视角和思考陆续修改与补充而成的。尚请学界诸位前辈、同行和读者不吝指正。

第一章 导论

“这是最好的时代，这是最坏的时代；这是智慧的时代，这是愚蠢的时代；这是信仰的时期，这是怀疑的时期；这是光明的季节，这是黑暗的季节；这是希望之春，这是失望之冬；人们面前有着各样事务，人们面前一无所有；人们正在直登天堂，人们正在直下地狱……”这是我们通过英国文学家狄更斯所了解的资本主义工业化早期充满矛盾色彩的转型社会。从这段描述中，我们不仅看到了“这个时代”的进步——“智慧”、“光明”、“希望”和财富，而且还注意到了这个进步社会中的“愚蠢”、“黑暗”、“失望”和贫穷。

情况往往是，当我们还来不及思考这是个什么样的社会时，事实已经摆在我们面前。而我们更需要思考的，是如何将“这个时代”中“黑暗”、“失望”和贫穷变得少一点、再少一点。

纵观不同历史阶段，横看不同国家，发展的步伐中无不包含着社会形态的变化，即转型。考察始于20世纪七八十年代的中国社会的变革，在转型的过程中依然充满着矛盾：二十多年的改革在给中国带来政治、经济、文化和社会生活的翻天覆地的变化的同时，也积累了一系列错综复杂的社会矛盾。社会向市场化、工业化、城市化转型的过程中产生了各种困扰人们的严重的社会问题。其中特别突出的一个，就是城市贫困问题。

1.1 问题的提起

1.1.1 伴随社会转型的城市贫困

1978 年是中国历史上重要的一年，也就是从这一年开始，中国开始经历了渐进的经济、社会的制度变革以及由于制度变革引起的结构变迁。这一年也被普遍认为是中国转型的开始。自此，"以经济建设为中心"、"让企业拥有更多的经营自主权"、"坚决按经济规律办事"等原则和观念开始输入并根植于人们思想深处。尤其是 1984 年中国共产党十二届三中全会通过的《关于经济体制改革的决定》，从实质上肯定了市场经济，标志着中国改革从局部试点开始转向以市场为取向的全面改革。1992 年中国共产党十四大提出"把建立社会主义市场经济体制作为我国经济体制改革的目标，把企业推向市场"，中国城市的市场化、工业化、城市化的全面转型开始加速推进。经济体制的市场化转型过程，就是市场取代政府在资源配置中起基础性作用的过程。在土地、资本、劳动力以及技术和信息等要素市场上，市场供求逐步成为价格调整的重要影响因素。在分配领域，变按劳分配为按劳分配和按生产要素分配相结合的分配制度。在市场主体方面，鼓励产权主体的多元化发展，积极建立与完善竞争机制，进而建立一个有中国特色的社会主义市场经济体制。

然而，与西方发达国家、前苏联以及东欧国家的转型不同，中国的转型是市场化、工业化、城市化三位一体的综合转型，渐进式的改革之路以及全球化的背景使得转型中出现的社会问题具有更大的复杂性。在新体制逐步取代旧体制的过程中，改革的滞后性成为转型的特征之一，表现在各个领域，尤其是社会政策改革（相对于经济政策）的滞后性。这也是当前一些社会问题凸显的深层次原因。其中一个不容忽视的社会问题就是转型时期的城市贫困问题。

城市贫困问题作为转型期社会问题出现并非突发的,而是在渐进的改革方式中不断积累形成的。经济运行过程中,随着竞争机制的增强,某些经济部门和社会中的弱者、低素质的劳动者由于缺少健全的保障制度和合理机制,极容易陷入贫困。下岗职工、失业人员,甚至部分在职人员和退休人员构成了新贫困群体。抽样调查数据表明:在城市贫困人口中,有 2/3 是经济转型过程中剥离出来的素质相对较低的劳动力。① 这些新贫困群体与“三无人员”一起构成了数量不小的转型期城市贫困者。那么,其规模到底如何呢?由于在很长一段时间内中国政府没有进行与贫困人口规模直接相关的统计分析,所以不同机构、学者作过不同的分析并得出不同的结论。有采用相对标准中的比例法测算,还有采用绝对标准测算的基本需求法,还有其他估算方法,如按照统计城镇贫困人口的主要对象估计,等等。所估计的城市贫困人口规模也从 1 400 万至 3 700 万不等,②贫困发生率在 4%—8%。1997 年 9 月,国务院颁布了《关于在全国建立城市居民最低生活保障制度的通知》,授权各地根据基本需求法,结合各地财政状况等因素制定本辖区的贫困线。2005 年年底,全国城镇贫困人口(指应保尽保的城镇低保对象)为 2 232.8 万人,贫困发生率约为 4.0 %。

从相对贫困的概念考察中国城市贫困的规模变化,张问敏、李实根

---

① 参见尹海洁、关士续:“经济转型与城市贫困人口生活状况的变化”,《中国人口科学》2004 年第 2 期,第 61 页。

② 亚行专家组采用人均收入作为贫困指标,得出结论是全国城市贫困人口为 1 470 万人;但如换成人均支出指标,则贫困人口总数立即增至 3 710 万人,贫困人口的统计对贫困线的移动具有很大敏感性。参见 2001 年亚行专家组:《中国城市贫困问题研究》,中国人口信息网。

据全国10省市的抽样调查资料计算出来的相对贫困户比例(按照低于城市居民平均收入的50%标准),1988年相对贫困户的比例为6.83%。[①] 李强根据国家统计局有关资料,测算出了1990年城市居民家庭中相对贫困户的比例约为7.38%。而到了1994年,中国人民大学社会调查中心抽样调查显示,相对贫困户所占比例为22.7%。[②] 2003年在全国城镇范围内进行的抽样调查显示,如果把平均收入的30%作为相对贫困线,则相对贫困者占有效样本的25.9%;如果把平均收入的50%作为相对贫困线,那么这一比例是45.3%。[③]

1.1.2 转型期救助政策之于城市贫困

在城市反贫困的措施上,归纳起来无外乎以下几个方面:一是宏观调控(经济增长战略);二是理顺收入分配关系,包括地区间、行业间以及经济主体间的收入分配关系(初次分配战略);三是促进就业(就业战略);四是完善社会保障制度,包括社会救助体系(再分配战略)。那么,不可回避的一个问题是,为什么本书特别关注社会救助这一反贫困措施?

首先,增长方式的转型决定了经济增长的反贫困战略的局限性。中国经济的增长点越来越转向资本和知识密集型产业,而不是劳动密集型产业。也就是说,中国的经济增长现在开始越来越不带动穷人就业和穷人经济增长。从城市贫困人口发展变化的情况来看,经济增长虽然大大提高了城市居民的人均收入,但从贫困人口的规模看,却并未发生积极作用。即使是在农村,自20世纪80年代中期以后,从贫困人

① 参见张问敏、李实:"我国城市贫困的经验研究",《经济研究》1992年第10期,第54页。

② 参见李强:"我国的城市贫困层问题",中国扶贫网,www.help-poverty.org.cn/helpweb2/ngo/n15.htm。

③ 参见洪大用,《转型时期中国社会救助》,辽宁教育出版社2004年版,第41页。

口及贫困发生率的减少速度来看,经济增长与减贫的良好的结合态势未能持续下去。[①] 依托经济增长来缓解贫困,让经济增长成果自动“滴落”到贫困阶层,作用和效果非常有限。

其次,市场化转型决定了初次分配战略对于反贫困的局限性。在从计划经济向市场经济转变的过程中,政府的角色随之转变,逐步退出经济领域,干预手段由直接变为间接。市场决定了初次分配的效率优先性,这也必然导致收入分配差距持续扩大。这一点可以从基尼系数的变化得到验证:1978 年,中国城镇居民的基尼系数仅仅为 0.16,[②]而到了 2003 年,中国城市居民收入差距的基尼系数已达到合理值的上限,在 0.4 左右;而且这还是在各种岗位外收入、非正常收入难以准确估计的情况下计算出的,如果把后者也算上,则计算出的实际基尼系数肯定要更大一些。再从用五等分法计算出来的数据看,中国城市居民收入分配的集中程度已非常高,数据显示,城市居民最低收入 1/5 人口只拥有全部收入的 2.75%,仅为最高收入 1/5 人口拥有收入的 4.6%。[③] 当然这并非完全由初次分配所导致,但初次分配的市场化取向使得调整初次分配的反贫困战略具有局限性。

第三,转型时期促进就业战略仍然具有局限性。随着经济增长模式的转型,经济对就业的增长弹性逐步下降,与 9%的经济增长率相比,1990—2003 年期间的就业增长率只有 1%。原来可以提供大量就业机会的制造部门不再是吸收就业的源头。[④] 这也是多年的计划经济

① 参见刘文璞、吴国宝:《地区经济增长和减缓贫困》,山西经济出版社 1997 年版。

② 参见余海波:“如何认识收入差距——访李强”,《光明日报》1999 年 8 月 10 日。

③ 参见李迎生:“城市居民收入分配现状的社会学分析”,《社会科学战线》2005 年第 5 期,第 183—191 页。

④ 参见[英]R.哈特等整理,王延中等译:“转型社会的可持续经济发展与中国未来”,《国外社会科学》2005 年第 3 期,第 58 页。

积累了大量的隐性失业，并随着市场经济改革的深入而逐步显性化的结果。在转型初期会出现大量以结构性失业为主的各类下岗失业人员，由于他们自身条件(年龄、性别、教育程度和技术结构等)的限制，促进就业面临的障碍不可忽视。实践也证明了，再就业人员的就业渠道主要是非正规部门。除此以外，就转型时期的中国城市劳动力市场而言，不仅劳动力供给过剩，结构不平衡，而且随着劳动力市场逐步开放，劳动力流动趋势愈见明显，来自城市内外的就业压力也在增大，就业问题已成为中国十大社会问题之一。

第四，社会保险制度改革的被动性和滞后性决定了它不仅没能有效防贫，而且还直接导致城市贫困的产生。[①] 市场经济使中国的产业结构和就业结构发生了重大变迁，国有企业也开始面临极大的竞争压力。一方面，背负保障责任的国有企业处于竞争劣势；另一方面，又有越来越多的城市居民被排除在社会保障制度之外，为了配合经济体制改革和维护社会稳定，社会保障制度开始被动转型。发生在20世纪末全球化背景下的中国“三位一体”渐进式转型迫使原有计划经济时代的国家—单位型社会保障模式向国家—社会型社会保障模式转变。[②] 也就是说，社会保障制度转型是中国经济体制主动转型下的被动选择，这

① 养老保险制度改革初期，拖欠养老金现象在各地屡见不鲜，唐钧在分析城镇贫困的产生原因时就将养老保险的缺陷列为原因之一，来解释城市贫困群体之一——退休人员的贫困。参见唐钧：《中国城市贫困与反贫困报告》，华夏出版社2003年版，第9页。另外，医疗保险制度改革效果由于医疗卫生体制改革的“不成功”而大打折扣。2005年国务院发展研究中心社会发展研究部与世界卫生组织合作的“中国医疗卫生体制改革”课题对医疗改革的评价是“基本上不成功的”。参见新华网，www.xinhuanet.com，2005年7月29日。

② 作为国内最早研究社会保障的学者之一，郑功成将计划经济体制下的社会保障制度模式归纳为国家—单位保障模式，将社会保障模式的发展趋势定位为国家—社会保障模式，参见郑功成著：《中国社会保障制度变迁与评估》，中国人民大学出版社2002年版，第2—9页。

就决定了社会保障制度转型的滞后性。城市国有企业的市场化改革开始于 1984 年的中共十二大,1986 年的用工制度改革对原有保障体制提出挑战。为了配合国有企业改革,以养老保障制度改革为首的社会保障制度改革随之提上日程,并于 1995 年和 1998 年开始分别推行养老保险和医疗保险模式改革。① 从国有企业改革与社会保障制度改革的时间次序上,也从侧面印证了社会保障制度改革的被动性和滞后性。

然而,转型期"摸着石头过河"的改革哲学不可避免地会走弯路,甚至具有一定的盲目性,社会保障制度改革也暴露出诸多问题:社会保障制度的覆盖面仍然有限,保险待遇降低,不能及时发放等。中国城市社会保障制度改革存在转型中的断裂,即出现了某些保障职能被忽略、保障对象得不到应有保障的现象②,开始出现漏在安全网之外的群体,他们是:下岗失业人员、被欠发退休金的离退休人员、困难企业的职工。而这几个群体恰恰构成了城市贫困者的主要部分。因此,救助制度的转型也就成为必需。救助制度在社会保障体系以及反贫困策略体系中的地位被重新认识。

在反贫困的诸多策略中,社会救助作为"安全网",其历史最为久远,对反贫困的意义仍然非常重大。③ 随着社会保障的发展和壮大,社会救助在其中的主体地位下降为现代社会保障体系中的一个主要组成

① 1995 年 3 月,国务院发出《关于深化企业职工养老保险制度改革的通知》,确立了社会统筹与个人账户相结合的养老保险新模式;1998 年 12 月,国务院下发了《关于建立城镇职工基本医疗保险制度的决定》,规定了"双方负担、统账结合"的模式。1997 年城市最低生活保障制度开始在全国推行。

② 参见王思斌:"当前我国社会保障制度的断裂与弥合",《江苏社会科学》2004 年第 3 期,第 207—211 页。

③ Atkinson, A. B. (1999), *The Economic Consequences of Rolling Back the Welfare State*, Cambridge, Mass.: MIT Press, p. 3.

部分，但因其面向生活在最底层的社会成员，作用依然巨大。① 它是迄今为止任何国家都采取的重要的反贫困措施之一。作为社会安全制度中的一环，社会救助（公共救助）是社会保障制度中最低层次的措施和基本手段。当社会保险、就业等制度仍然无法避免贫穷发生时，社会救助则扮演着国民生存权守护者的角色，以国家和社会力量共同保护贫困者的基本生活。归纳起来，社会救助政策的重要性体现在以下几个方面：第一，任何国家的任何反贫困战略中都需包括社会救助政策；第二，社会救助是最直接的反贫困策略；第三，社会转型使得社会救助对于反贫困来说更加重要；第四，从发展趋势看，社会救助仍然在反贫困策略中占有优先考虑的地位。当其他举措无法避免贫困的发生时，人们往往寄希望于社会救助。

社会救助扮演着国民生存权守护者的角色，以国家和社会力量共同保护贫困者的基本生活。国际经验告诉我们，当社会经历转型时期，有效的社会救助政策/制度是极为必要的。它不仅能使处于贫困状态人口的起码生活得以维持，而且也通过社会救助目标的新定位、政策的合理组合及专业的社会工作、手段和方法等，促进救助对象自立、自强，提升他们参与社会的机会与能力，以消除社会隔阂，实现社会整合。正如唐钧所言，按照国际经验，对付因社会经济结构调整而导致的较大规模的贫困问题，最有效的社会保障制度是社会救助。②

综上所述，伴随着中国社会转型的城市贫困以及这个特殊时期贫困救助政策的地位是本书研究课题提起的重要背景。对转型期城市贫困和救助政策的研究也无疑具有十分重要的理论和现实意义。

---

① 参见郑功成：《社会保障学——制度、理念、实践与思辨》，商务印书馆 2000 年版，第 16 页。

② 参见唐钧：《中国城市反贫困报告》，华夏出版社 2003 年版，第 18 页。

1.2 先行研究的到达点和局限

1.2.1 已研究的课题

中华人民共和国的成立,不仅是政治体制、经济体制和社会形态的重新整合,也是社会意识形态和价值观的重构过程。新中国成立以后,研究中国社会贫困和救助的成果寥寥无几,其中主要是一些社会学者参与了城市社会改造运动的调查研究。社会改造基本完成以后,随着新的意识形态和社会制度的确立,剥削阶级作为一个阶级实体,被认为已经不再存在。整个社会中只存在两个阶级、一个阶层,即工人阶级、农民阶级和知识分子阶层。与此同时,工人阶级和农民阶级作为执政党的阶级基础和主要同盟军,被认为实现了政治上和经济上的"翻身","贫困"、"下层"这样的概念及问题,也随之消失。[①] 而直至"文化大革命"结束后的整个20世纪80年代,城市贫困课题仍未开展。其主要原因也是城市贫困无论就贫困人口的规模还是贫困的深度而言,都远不及农村贫困问题严重。这也是一个国内外贫困研究学者的一个基本的共识。因此,在相当长一段时期,人们总是将贫困同农村相联系,也没有预感并分析由于制度转型而即将显性化的城市贫困的到来,直到它已经成为现实。甚至到1995年,贫困在中国仍然是基本上属于农村现象。[②]

20世纪80年代末90年代初以后,经济社会的全面转型使得中国

---

① 参见陈映芳:"中国城市下层研究的经纬和课题",《江苏行政学院学报》2004年第3期,第63页。

② 参见世界银行编,陈胜华、杜晓山、周慧媛等译:《贫困与对策:1992年减缓贫困手册》,经济管理出版社1996年版,第1页。

城市贫困问题开始显现并日渐突出。然而,城市贫困问题的存在和发展却一直没有得到官方的关注和正式承认,只是在学术界最先展开讨论。20世纪90年代初,世界银行与民政部联合举办的"中国城市贫困与反贫困"国际研讨会的召开,意味着城市贫困首先在学术界开始"解禁"。中国城市贫困及救助政策研究也始于这一时期,随后引起了国内外社会学和经济学界的广泛关注,并取得了相当的成果。本章分别对国外、国内学术界的研究成果作一回顾。

(一)国际组织的研究

在20世纪90年代前,世界银行等国际组织较为关注农村贫困。到20世纪90年代末,随着经济体制改革的深化,企业破产制度、用工制度以及工资制度改革,城市贫困现象日渐突出并开始得到广泛关注。世界银行、国际货币基金组织、亚洲开发银行等国际组织以及学者除了研究其他转型国家以及中国农村贫困和反贫困问题,也开始对中国城市贫困和救助的相关课题给予关注。

转型与贫困的关联性是客观存在的。就前苏联和东欧社会主义国家转型而言,在转型前,也就是在1990年以前,由于基本需要得以满足,社会服务可以在很大范围内得以保证,所以未见有贫困问题的报告。而在转型开始后,由于中央计划经济体制的崩溃,加之国内外因素的影响,这些转型国家经历了许多负面的冲击,包括社会经济发展减慢,社会安全系统的破坏,失业的剧增以及人民生活状况的恶化。贫困问题成为转型国家敏感的社会问题。① 世界银行、国际复兴开发银行、联合国儿童基金会以及部分外国学者,如P.布恩(P. Boone)、S.哥穆

① Working Group of Statistical Experts, 11th Session, Bangkok, 23-26 November 1999. Source: the website of United Nations of Economic and Social Comission of Asia and Pacific, http://www.unescap.org/Stat/cos11/wgss11/wgss1107.asp

尔卡(S. Gomulka)以及 R. 莱亚德(R. Layard)等研究均显示,前苏联、东欧以及中国等转型国家在向市场经济转型的过程中,收入差距持续扩大,不平等以及贫困问题相伴产生。[①]

亚行专家组在"中国城市贫困问题"研究报告以及他们的出版物《城镇贫困:中国发展的新挑战》(经济科学出版社 2003 年版)中指出,中国城市出现的"新贫困"是伴随着贫富差距的持续扩大、城镇的经济环境变化产生的,失业、下岗问题便是转型期城镇贫困的主要原因。研究发现,中国城市贫困率对贫困线具有很高的敏感性,即贫困线的微小移动会引起贫困率的较大变化。以各地贫困线标准判断,贫困发生率为 4.73%,而如果贫困线向上变动 50%,即 1.5×贫困线作为贫困标准,则贫困发生率即高达 20.08%。[②] 而贫困线采用收入指标和支出指标将导致贫困人口统计结果的巨大差异,后者较前者高 2.5 倍。在低保制度的标准设定上,各地制定过程中根据本地物价、消费结构、地方财政能力以及与其他社会保障项目的关系自行确定,但所采取的方法各有不同。亚行专家组认为,验证最低生活保障制度实施效果的关键指标有两个:一是被认定为贫困人口并得到救助的居民的百分比。二是实际贫困人口与被认定的贫困人口之间可能存在的差距。从这两个标准以及覆盖面、诊断贫困线的方法、救助充分性、救助与鼓励工作的积极性、财政问题、行政架构等几个方面评价了当时的最低生活保障制度,认为低保制度的实际效果并不令人满意。他们建议,首先,增加政府救助资金,扩大覆盖面,将需要救助的城市贫困人口,如长期流动人

---

① B. Milanovic, *A Review of Income and Wealth*, Series 45, Number 1, March 1999, pp. 117-130.

② Athar Hussain, *Urban Poverty in China: Measurement, Patterns and Policies*, International Labour Office. Geneva, Switzerland, Jan. 2003, pp. 28-30.

口(居留6个月以上的)加入制度框架中。第二,诊断贫困线与救助贫困线分离,前者可以为当前救助工作提供评价指标,并设定救助目标。第三,需要考虑医疗和教育两个救助缺口的完善,提高社会最后安全网的有效性。第四,为促使有劳动能力的人通过个人努力来摆脱贫困,制定若干与救助制度相关联的、以创造就业机会和自谋生计为目标的方案。第五,加强资金筹集,并使分配合理化,中央和省级政府需承担更多的经费分担任务。第六,管理架构和行政体系急需充实力量。

(二) 国内学者研究的课题

国外学者的研究大多集中在城市贫困规模的实证性研究范围。而关于中国的贫困和救助课题,更多见于国内学者的研究。相关课题主要包括:(1)中国城市贫困的规模和表现;(2)城市贫困的原因;(3)对救助政策改革及当前城市最低生活保障制度的评价。

对中国城市贫困人口规模的估计在一段时期成为学者研究的热门课题,他们或采用绝对贫困标准测算,或采用相对贫困的方法推算。也由于政府长期以来并未出台测量城市贫困的标准线,因此所估计的城市贫困人口规模各自不同,甚至相去甚远,粗略的范围在1 500万至3 100万人之间(唐钧,2003)。关于贫困的特征和表现,中国的贫困已经从绝对贫困走向相对贫困,从区域性贫困走向阶层贫困和结构性贫困。中国旧的区域贫困和普遍性的贫困问题已通过国家大规模扶贫获得缓解,但新的城市贫困依然严重(郑功成,2005)。城市贫困不仅表现为基本贫困的生活状态,更表现为收入不足、资源缺乏、全面匮乏、缺乏能力和缺乏机会,它不仅是一种生活状态,还是一种社会评价和一种政策后果。贫困人口面对的是方方面面的“社会剥夺”和“社会排斥”(唐钧,2003)。贫困是客观性与主观性的统一、事实判断和价值判断的统一、绝对性和相对性的统一(关信平,1999)。

对城市贫困原因的分析,也由于角度不同而有所差别。其中下岗、失业以及社会保障制度的缺陷构成了一些学者分析的着眼点(唐钧,2003;王朝明,2004;李实,2002 等等)。还有学者从经济原因、社会原因、家庭原因和个人原因四个层次分析贫困产生的根源(洪大用,2004)。所有学者关于城市贫困原因的基本判断是,经济社会的转型直接或间接地导致城市贫困这一社会问题。转型期某些制度性因素是导致中国当前城市贫困的重要原因。这种贫困具有明显的转型期特征(关信平,1999;陈端计,1999;蔡昉,2004 等等)。城市居民陷入贫困的原因主要是社会原因而不是个人原因,在一个多元和充满竞争的市场化时代,特别是从计划经济向市场经济转型的过程中,很难把贫困归为个人的原因(杨立雄,2005)。学者对转型期城市贫困原因的分析可以归纳为图 1-1。

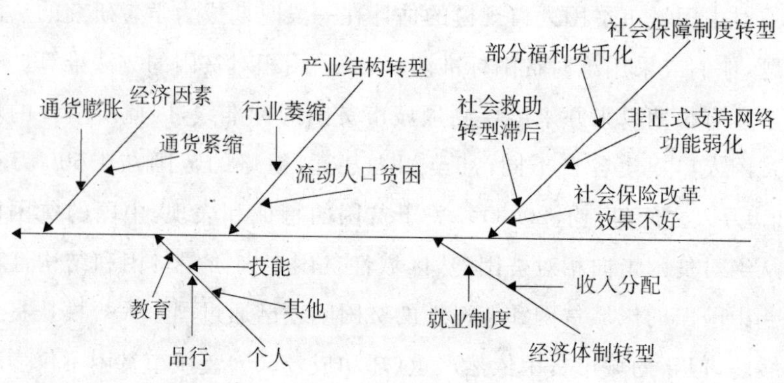

图 1-1 城市贫困原因鱼刺总结图

新的社会问题必然呼唤新的社会政策出台。在以城市最低保障制度为核心的救助制度正式确立前,国内学者大多集中讨论传统救助制度的局限性以及制度改革的必要性和紧迫性,并高度评价低保制度这一普遍的社会救助制度在城市社会经济生活中的巨大作用。相对于传统救助制度，新制度在被救助者的地位、制度动机以及实施方面都取得了突破性进步（郑功成，2005）。然而，随着低保制度的发展，制度中存在的问题也逐步暴露，对新制度的评价也更为立体。唐钧根据英国的K. 琼斯、J. 布朗和J. 布拉德肖（1982）合著的《社会政策要论》一书中提出的衡量社会政策的社会正义性的八项国际公认的原则，提出了八项比较和评价最低生活保障制度的理论支点。① 他评价了2002年最低生活保障制度的不足之处，其一是实际覆盖范围仍然有限；其二是传统救济思想仍然强大；其三各级财政分担比例极不合理；其四是最低生活保障对象生活仍有困难（唐钧，2004；洪大用，2004）。除此之外，他与王婴合作撰文，从社会排斥的角度分析当前的最低生活保障制度，认为在制度设计和实施层面、思想观念层面、资源分配层面的缺憾造成了低保制度政策过程中的社会排斥，三个方面互相制约、互相影响、环环相扣而形成一个恶性循环的怪圈。② 而以关信平为代表的另一些学者从制度宏观运行上进行评价，存在的问题有：双重体系同步运行，各地政策运行体系差异极大，经费来源面临难题等（关信平，1999）。洪大用对低保制度延伸效果的评价也具有一定代表性，他认为低保制度具有以下延伸效果：标签效应、稳定预期与制度依赖、权利诉求、机会主义（即低保对象及申请者的道德风险）、变通执行、执行成本与自我扩张。少数学者尝试分析问题背后的深层次原因，代表性学者如郑功成。他认为，价值取向、建制理念以及责任不明是社会保障制度问题存在的根本原

① 第一，保障基本人权；第二，救助对象普遍；第三，明确规定权利；第四，政府承担责任；第五，社会效益显著；第六，强调治本脱贫；第七，广开社会资源；第八，发挥人的潜能。

② 参见唐钧、王婴："城市'最低收入保障'政策过程中的社会排斥"，载于王思斌：《中国社会工作研究》（第一辑），社会科学文献出版社2002年版，第36—54页。

因。研究众多文献,基本上可归纳正负两方面评价,正面的偏重于其出现的历史意义,认为它是对人的基本生存权的保护和人格尊严的呵护,直接涉及人与人之间的交易活动,本身就暗含有浓烈的人文关怀(王朝明,1999),有利于促进权利意识和公平意识的形成和政府理念的转变(景天魁,2004);负面的则更强调现存问题:强调生存,忽视发展;强调效率,忽视公平;强调义务,忽视权利,制度引发严重的"社会排斥"问题(杨立雄,2004)。

在贫困救助的经济和社会效果的整体评价方面,笔者没有发现更多研究,量化指标更为少见。李实通过模拟分析表明,虽然政府相关扶贫工作对降低贫困率的作用非常有限,但是由于扶贫救济更侧重于最贫困的人群,政策实施后的贫困距和加权贫困距指数明显下降。他得出结论,在中国城市中增加就业是解决贫困问题的适当方案。而对于长期处于贫困的住户而言,有效的做法可能就是为他们提供必要的救济援助(李实,2004)。相对于定量分析,对城市贫困救助政策的定性分析较多。郑杭生、李迎生认为,在我国的现实条件下,制定有关弱势群体的社会支持政策时,不能将政策目标仅仅局限于消极的补偿与救助(尽管这是重要的和基础性的工作),而应与消除社会排斥、实现社会整合结合起来。构建发展性社会政策体系以消除社会排斥,重点放在就业促进政策、开发式的扶贫政策及教育机会均等的教育政策上(郑杭生、李迎生,2003)。还有学者从救助内容的角度进行研究并认为,就中国目前的情况来看,社会救助的国家责任虽未放弃,不过救助还仅仅局限于满足贫困人口的生存需要,其他诸如医疗、教育、住房等方面的救助还远远不够。同改革开放之前我国的社会救助制度相比,从救助理念、范围和力度来讲,政府对贫困群体的责任有所降低(姚建平,2005)。

1.2.2 现有研究的局限

贫困问题被称为经济学领域的“哥德巴赫猜想”和“经济学的沼泽地”,吸引了无数中外学者从事相关问题研究,大量的研究转型期城乡贫困和社会救助政策的文献足以说明这一点。这些文献提供了大量包括理论分析、数据资料、思想方法等方面颇有价值的研究素材,方便了进一步深入研究,并使创新成为可能。关于城市贫困救助政策/制度的研究主要集中在以下两个方面[①]:一是探讨传统社会救助的改革;二是评价低保制度的问题并探讨完善的途径,包括低保对象的现实生活状态、低保标准测定、执行程序、组织行政体系、监督机制等方面。尽管如此,现有研究仍然为进一步探讨转型时期城市贫困救助的相关命题留有余地:

第一,对转型期的城市贫困问题研究较多,而对社会救助或贫困救助政策的研究较少。虽然贫困与救助政策在很大程度上分属于两个领域,但在特定时期,即转型时期的背景下,贫困与相关救助政策是密切相关的。特定社会问题与社会政策研究的结合不够紧密。就转型期贫困和反贫困的社会救助研究而言,虽然许多文献的题目体现了特定时期的研究问题,但仔细研读其内容,却并未深刻反映时代的特殊性或特质,对特定背景缺乏深入讨论,有时甚至只是借用“转型”这个时尚词汇。

第二,实践性研究较多,理论性研究文献有限,研究和分析有待深入。[②] 在现有文献中,不乏关于转型期城市贫困和救助对象的调查材料,救助政策的分析趋于模式化、表面化,且往往急于提出政策建议,而

---

① 参见洪大用:《转型时期中国社会救助》,辽宁教育出版社 2004 年版,第 134 页。

② 同上书,第 135 页。

这些建议有时也极为相似。不能不说这样的结果与理论分析不足是互相关联的。政策分析的任务包含描述政策、确定原因和评价结果。关于政策描述,也就是"政府做什么"的问题有必要研究,而"为什么做"以及"结果如何"两个后续理论分析和研究更为重要。多数文献未能联系贫困和社会救助理论难题与中国社会救助政策的具体实际进行相关研究。

第三,研究大多是静态的,少有历史地、发展地研究城市贫困救助政策。自城市贫困引起学界注意后,大量文献对当时的低保制度及其他救助措施展开评价,但笔者在考察现行研究的到达点时,仍深感资料匮乏。仔细分析原因才发现多数研究都是割裂地研究某一片断上的救助政策,对其进行描述和评价,并提出政策建议。而且,多数研究并没有走在政策实践之前。任何一个社会问题以及解决问题的社会政策都存在于一定的历史条件下,无法与其隔离开来,是一个延续性的过程。静态研究是必需的,但以历史的、发展的思路研究政策的变迁,全面、系统地分析政策更是必不可少。仅仅采取静态的研究方法,往往导致对贫困救助政策的评价具有片断性,而未能达到系统性和综合性研究的目的。以往虽然有些关于社会救助史的研究,如李瑾明的"宋代社会救济制度的运作和国家权力——以居养院制的变迁为中心"(《中国史研究》2005 年第 3 期)、蔡勤禹的"试论近代中国社会救济思想"(《东方论坛》2002 年第 5 期)、洪璞的"试述明清以来宗族的社会救助功能"(《安徽史学》1998 年第 4 期)等,但在研究的时间上侧重于新中国成立前。[①]

第四,对反贫困政策中社会救助政策的综合评估研究不足。这里

① 参见谢涛:"建国初期社会救助体系的构建与评析——以 1949 年—1953 年的广州市为个案", http://www.usc.cuhk.edu.hk/wk_wzdetails.asp? id=4854。

包括横向(中国的特殊与一般)与纵向(转型期的特殊与一般)比较和评价。中国的城市贫困及相关救助政策与其他国家特定时期的贫困问题相比,转型时期的城市贫困和相关救助政策与计划经济时期和成熟的市场经济时期相比,都具有特殊性和一般性。其发展的规律和轨迹也显示出中国特色和救助政策本身的规律性。因此,对比的、发展性的研究十分必要。

综上所述,在转型时期中国城市贫困救助政策的研究领域,虽然从不同学科、不同角度研究的理论文献可谓汗牛充栋,但在理论上和实践中仍然存在有待研究的宽广领域。本书就是在充分尊重和利用前人研究成果的基础上,期望能够在薄弱环节有所贡献。

1.3 本书的研究范围和主要特点

1.3.1 本书的主要研究范围

第一,在国外贫困理论的基础上研究中国转型期城市贫困问题。

研究具有共性的贫困理论是研究转型期中国贫困问题的基础。在研究中国转型期城市贫困问题方面,主要研究国外关于贫困的理论,归纳起来主要有这样几个命题,即贫困概念的发展性课题、贫困的社会性归因命题、贫困与自由关系的命题以及贫困的社会排斥命题。这一研究是理论性的。中国转型期城市贫困及救助政策是本书研究的出发点和直接目的。主要研究转型期中国城市贫困的特征,不仅包含贫困群体结构的变化,而且着重关注贫困的主观性,如:人们在转型期关注城市贫困问题的特殊背景,人们对贫困的主观认识有何转变等。

这里应该强调的是,本书所研究的"贫困"既是绝对的,也是相对的,贫困不仅是客观存在的现象,也是主观判断的结果;贫困不仅具有个体性,也是社会性问题。贫困是绝对性与相对性、客观性与主观性、个体性与社会性的统一。绝对贫困是以衣食等基本生存项目作为指标,强调贫困具有一定的客观标准,或称贫困线(poverty line)。而相对贫困则是指相对于社会上其他群体而言的低收入人口,它是基于相对剥夺基础上的一种生活方式(style of living),是将贫困放在一种社会关系中的研究角度。或者说贫困是在主观框架下的一种客观状态,是基于社会关系的社会评价。社会的总体价值取向和主观认识对贫困定义的影响是显而易见的。客观性与主观性的争论集中体现在贫困的判定标准上。贫困是一种由社会脉络造成的社会后果。[①] 贫困的概念应该不同于反映社会能力与欲望之间平衡的政策性定义。在无特别说明的条件下,本书中"贫困人口"是指被社会认为处于贫困状态的人口,既包括被救助的贫困人口,也包括未被政策捕捉的贫困人口。

第二,关于中国转型期城市贫困救助的政策研究。

政策的转型是伴随着社会问题的新的特征而转变的,如何深刻认识、系统评价现行城市贫困救助制度,尤其是最低生活保障制度,是本书研究的重要内容。在这方面,既包含理论方面的研究,也包含实践应用研究。研究政策变迁中的影响因素,从政策参与主体的角度认识政策变迁实质,分析当前中国城市贫困救助政策在理论上以及实践操作中遇到的困境和问题。

政策研究的首要任务是对"政策"进行定义。蒂特马斯认为,"'政策'一词可以用来表示一系列指挥行动实现既定目标的原则。这个概念表示关于手段和目的的行动,它因而含有变革的意思:改变各种处

① 参见唐钧等:《中国城市贫困与反贫困报告》,华夏出版社2003年版,第31—32页。

境、制度、习惯和行为。"[①]政策不同于制度,它是有计划的、有目的的、持续的行动过程,在表达形式上包含着价值取向、原则等抽象的表达和追求,是促进变革的、尚未稳定化的制度。正如诺思所言的,制度是重要的,但并不总是有效的。从这个角度说,研究政策的目的就是要探讨什么样的环境下、什么样的政策才可能是有效的。政策的初衷和落脚点是建立和改变制度。

贫困救助政策正是建立在有能力促成贫困状态的消除或减缓的基础上,旨在改善特定条件下贫困人口的生活状态的行动策略和方案。它是动态的概念。本书中使用"救助政策"一词,就是着眼于转型时期的动态视角,并为解决转型期体制转变过程中城市贫困问题而设计的,以法律、法令、规章、制度、规定、文件等为形式的行动方案。对于通常使用的两个相近词汇"救助"与"救济",本书在行文中不作区分。[②]

本书将关注点放在贫困救助政策研究,主要指政府主导的针对城市贫困人口的社会救助政策。民间慈善事业的救助、各团体(如社区、工会等)组织的救助不作为研究对象。另外,灾害救助与贫困救助密切相关,常常作为贫困救助被单独列出,但本书并不将其作为特例单独研究。按照尼尔·吉尔伯特和哈里·施佩希特(Neil Gilbert & Harry Specht,1986)关于政策研究的观点,研究取向包括:第一,过程的研究(studies of process),即探讨政策制定的动态过程;第二,政策产品的

① 转引自杨伟民编著:《社会政策导论》,中国人民大学出版社 2004 年版,第 29 页。

② 江亮演对"救助"和"救济"两个概念的区分常被现有文献标准认可并引用。他在八个方面进行区分,即救助者与被救助者之间的关系是平等还是以牺牲受助者尊严为代价的施舍;救助方式是依据法律法规并通过设定科学的标准进行家计调查还是带有强烈的随意性;受助时间是长期性还是临时性;是以权利和公正及社会连带或称社会团结(social solidarity)为理论基础还是基于同情和慈悲;受助内容是否以实物为主;体现为积极还是消极;是以政府为主体还是以民间为主体。

研究(studies of the product),即探讨政策的选择和实施;第三,效果的研究(studies of performance),即探讨政策选择实施后的效果。①

由于天灾、人祸等不幸的事情总会降临到某些个体身上,因此作为个别性的城市贫困存在于任何社会中,包括中国经济社会转型前。但转型开始后,它才作为社会问题开始出现并引起人们的关注。这与以下几方面相联系:第一,与农村贫困规模和程度持续减少和降低不同,城市贫困的产生是伴随着经济的高速增长以及贫富差距的持续扩大。第二,城市是国家政权的中心,贫困的"外部性"②效应更明显。第三,城市贫困救助政策的评价和完善对农村贫困的缓解具有辐射作用。

1.3.2 研究框架、方法和价值

基于以上研究范围和任务,本研究的构成如下:共六章,第一章是导论部分,介绍本研究的缘起,先行研究的到达点与局限,引出本项研究的范围与特点、研究框架与方法。第二章,国外贫困救助的一般理论,作为中国城市贫困及救助研究的基础理论研究。第三章,从历史的角度对1949年以后中国贫困救助政策的历史演进及其经济社会背景展开综述。这便于分析转型时期中国城市贫困救助的特征。第四章,分析中国转型期城市贫困的特殊性,包括背景、贫困群体构成的变化以及转型前后人们对贫困的认识,即贫困观的变化。第五章,转型时期城市贫困救助政策分析。在描述现行城市贫困救助政策的基础上,从政策定位、政府责任、单位角色、家庭作用、个人定位的角度分析了政策变迁的内容,确定转型前后贫困救助政策选择的影响因素以及现行政策

① 参见 Gilbert, N. & H. Specht (1986), *Dimensions of Social Welfare Policy*. Englewood Cliffs, N. J.: Prentice-Hall, 2nd edition。

② 赖因(Rein,M)1971年将贫困界定为三个"宽泛概念"的解释,即"生存"、"不平等"、"外部性影响"。"外部性"即"绝不能让人们贫困到被迫犯罪或危害社会的地步"。

存在的问题。第六章是研究的总结章,总结政府控制在缓贫中的作用,从责任理念、目标定位的高度分析政策的转变和效果,并尝试给出完善政策的建议,即出路探寻。

贫困和救助涉及边缘交叉的跨学科研究,本书也力求结构紧密,将规范研究与实证分析、定性分析与定量分析紧密结合,对中国转型期贫困与社会救助政策进行多视角研究。本书研究的主要对象是中国转型期城市贫困救助政策,由于考虑到以下三方面:第一,研究问题与情景(特定背景)的联系性;第二,研究问题的个别性和特殊性;第三,所研究问题的动态性。因此,本书主要采取历史性研究方法和比较研究法。

第一,历史与文献研究法。本书主要研究中国转型期的城市贫困救助政策,很显然,它无法与转型前的历史相互分割。要分析、评价转型时期城市贫困救助政策的特点,需紧紧抓住其历史变迁这条主线进行政策发展的梳理和描述。本研究将着重研究自新中国成立后至当前城市贫困和救贫政策的发展历程,包括救贫政策的内容、项目及执行操作等方面。文献法也是本书使用的主要研究方法,文献包括国内外有关理论文献、国内贫困问题的调查报告、实证研究、社会救助政策文件等。着重参考国内外相关领域的知名学者、专家的论著、理论文章、相关统计年鉴、统计报告和研究报告。通过文献研究,考察现有国际、国内理论的最新研究和先进经验,借以审视中国转型时期贫困和社会救助政策,归纳其发展轨迹和特殊规律性,为评价奠定基础。

第二,比较研究法。这也是本研究的主要分析方法。通过纵向(时间维度)比较,总结和发现转型时期城市救贫政策的特征,分析进步之处、存在的矛盾和不足。同时,对比先进国家社会救助政策存在的理论争论、实施经验和困境,并从中归纳出重要的做法和发展趋势。分析先行研究的到达点(研究现状)及局限时,仍需通过比较几位主要的相关研究者的主要贡献,分析其创新点和空白点,借此说明本研究的着眼点和意义。

除以上两种方法,本书获得资料的方法还包括实地调研以及访谈法。笔者近两年来在北京、辽宁、黑龙江等地实地调研,在获得第一手资料的同时,主要的收获是对贫困问题和实际救助政策有了最直接和感性的认识,对笔者进行这项实践性较强的政策研究十分重要。同时,笔者除充分利用前人研究成果外,还与政府相关部门,即社会救助政策制定者和执行者以及部分专家学者进行访谈和交流,从中得到一些第一手材料以及研究建议,这些对于本研究不仅是必要的,更是必需的。

本研究致力于在以下几方面体现一定的学术价值:第一,对转型期中国城市贫困问题的再认识(贫困的主观性体现);第二,对1949年以来中国城市贫困救助政策的演进及其背景进行系统梳理;第三,在分析政策选择的影响因素的基础上,从政策定位、政府、单位、家庭和个人等主体角色的角度,揭示中国转型期城市贫困救助政策变化的实质,并对当前城市贫困救助政策进行评价;第四,从理论的高度,分析政府控制对缓贫的效果。

1.4 关键术语——转型期

"转型"或许是20世纪90年代公共媒体和学术领域提及最为频繁的一个词汇,这与前苏联和东欧社会主义国家从指令性经济向市场导向的经济转轨有关。它们的转型,不仅是经济体制的转轨,同时也经历了政治体制的变革。相比之下的中国,虽然在更早的20世纪70年代就开始经历了被称为"改革开放"的经济转型,但在早些时候许多研究中,中国仍不被列入转型经济国家。原因有以下两点:第一,相对于其他转型国家，中国是工业化水平较低的发展中国家；第二，向市场经济的转型还远未完成；第三，中国的政治体制转型未见进展。[①] 然而，尽管如此，近年来中国的“转型”已经成为学术界的共识，“北京共识”成为相对于“华盛顿共识”的又一词汇。

世界上任何一个国家在发展的过程中都会面临转型。但是迄今为止，人们对转型的认识尚未取得统一认识和一致意见，转型概念的表述和含义也不尽相同。

部分学者从作为西方社会结构功能学派现代理论经典思想的“社会转型”视角出发认为，社会学视野中的“社会转型”，是指社会结构发生整体性、根本性变迁（一种国际性话语）[②]杰勒德·罗兰（Gerard Roland）认为，转型即是一种具有特殊初始条件的发展，不是静态的、孤立的，必将是大规模的制度变迁过程或者说经济体制模式的转换。[③] 转型经济学家科尔奈（Janos Kornai, 2000）认为，所谓转型就是从社会主义向资本主义转变。[④] 国内学者也纷纷对社会转型进行多种界定，如杨森从哲学角度定义为人类社会由低级向高级的前进上升运动。[⑤] 还有观点认为，改革与转型是同一个历史过程，改革与转型只是变化方式

---

① Yan Hao, "Urban Poverty in China: An Emerging Challenge to an Economy in Transition," A paper prepared for Section 71: AView on Poverty and Inequality on Economies in Transition, 24th IUSSP General Population Conference, Salvador, Brazil, 18-24 August 2001.

② 参见戚攻：“论中国社会转型的‘边缘化’”，http://www.sociology.cass.net.cn/shxw/zxwz/P020041007266641406369.doc。

③ 参见杰勒德·罗兰著，张帆、潘左红译：《转型与经济学》，北京大学出版社2002年版，第6、12页。

④ Janos Kornai (2000), "What the Change of System from Socialism to Capitalism Does and Does not Mean," *Journal of Economic Perspectives*, Winter 2000, pp. 22—27.

⑤ 参见杨森：“中国社会转型的特殊性分析”，《甘肃社会科学》2003年第1期，第47页。

与变化程度的不同,但从最终目标与推动力来看,二者是一致的。[①]

抛开概念表述上的差异,关于转型的内涵,归纳起来可以有下列几种理解:第一,体制转型,即把转型理解为从计划经济体制向市场经济体制转变的过程。第二,经济形态的转型,即从生产力角度把转型理解为从较低层次的经济发展阶段向较高层次阶段的转变。第三,经济体制与社会形态转型的结合。第四,体制转型与生产方式转型的统一,也就是转型包含经济体制转型与发展阶段转型的两个过程。第五,从传统社会主义阶段向社会主义初级阶段转变。第六,经济增长方式的转型与体制转型,也就是"两个根本性转变"。[②]

无论如何界定转型的内涵,处于转型期的社会具有不同于常态社会的特点,如上升性、复杂性、冲突性、不公平性、不确定性等。[③] 就城市贫困问题的出现而言,转型期的失范性、边缘化和不平等性、冲突性构成重要背景与特征。

1. 失范性,即社会处于一定程度的失范状态。转型本身就是一个过渡性或历史性的术语,是从一种常态社会向另一种常态社会的过渡期,在此期间也就是从一个规范社会到打破原有规范即一定程度的失范社会,再到另一个规范社会的发展过程。在旧有规范的逐步解体和新规范的确立期间存在中间阶段,即存在失范区间。

2. 边缘化和不平等性。边缘化是对社会系统局部性结构变迁和

---

① 参见周冰、靳涛:"经济转型方式及其决定",南开大学经济研究所内部讨论资料,2004 年,第 5 页。

② 参见权衡:《"收入分配——经济增长"的现代分析:转型期中国经验与理论》,上海社会科学出版社 2004 年版,第 118—125 页;王朝明:《中国转型期城镇反贫困理论与实践研究》,西南财经大学出版社 2004 年版,第 75 页。

③ 参见杨方方:《从缺位到归位:中国转型期社会保险中的政府责任》,商务印书馆 2006 年版,第 11—12 页。

社会分化中发生的某一类社会现象、效应及趋势的整体性描述与理论表达。[①] 理论研究表明,市场化改革具有一种明显的平等化效应,但这只是个短时段的分析,进入实际转型过程时,市场改革会加剧社会不平等。[②] 而在转型国家的实践中,表现为显现经济不平等程度的基尼系数逐步提高和贫困的再发现。

3. 冲突性。社会转型伴随的是原有利益结构的打破和新利益结构重组,社会权利和资源分配规则重新定位。而且因为新旧体制交替的过程中的漏洞和失范,可能造成社会各阶层在改革中利益的不公平获取和剥削。转型社会中冲突性特征表现得极为明显。

在此基础上,中国渐进式的转型还表现出自身的特点:

1. 社会政策价值观的多元性。社会转型深刻地影响着人们对待政策的价值观取向和行为习惯。转型期社会政策的总体价值取向既受到传统价值观的影响,又受到在既有体制下逐渐被建构的价值观以及植入的价值观的影响,并呈多元化发展趋势。它们相互并存、相互竞争,甚至产生激烈冲突,共同影响社会政策和制度的安排。

2. 社会政策目标的多元性。中国渐进式转型是在中国共产党领导下、在政权稳定基础上的主动转型,目标是以市场经济体制的确立实现经济与社会的发展,换言之,社会政策的转型在保证配套经济的同时,稳定社会也是渐进式转型的初衷和目标。"改革、发展、稳定"同样也是转型期社会政策的目标。就贫困救助政策而言,它的目标不仅有

---

① 参见戚攻:"论中国社会转型的'边缘化'",http://www.sociology.cass.net.cn/shxw/zxwz/P020041007266641406369.doc。

② Rona-Tas, Akos (1994), "The First Shall Be Last? Entrepreneurship and Communist Cadre in the Transition from Socialism," *American Journal of Sociology* Vol. 100, No. 1, pp. 40—69.

保障民生、促进社会发展,而且还肩负着保障经济体制改革以及维护社会稳定的使命,在转型的特定时期,贫困救助政策的目标中可能后者更为明显。

3. 社会政策选择的滞后性和迂回性。如前文所述,中国 20 世纪末的转型是经济体制市场化取向的一次主动转型,社会政策的转型则是被动的、滞后的。同时,渐进式的转型方式也决定了中国没有国际先例的经验和教训可以借鉴。“不管黑猫白猫,抓住老鼠就是好猫”和“摸着石头过河”成为中国转型期的政策选择哲学。由于转型期社会政策价值观的多元性以及目标的多元性,社会政策选择必然存在迂回性,甚至盲目性。

本书中“转型”这个关键概念就是建立在以上判断的基础之上的。回到“中国转型期”的概念上来,转型期是指从转型的起始点到终结点的时间区间。但由于“转型”本身就是一个模糊的概念,实际上随着转型实践的发展,没有人能够给出转型确定的终点。① 什么是转型以及转型的标准是什么都是有争议的。就中国而言,从计划经济向市场经济转型,虽然有既定的目标,但由于不确定因素的存在,最终很可能偏离既定目标,而同时市场经济本身也在不断变化,我们只能够从今天看到未来的一部分。② 因此,实际上也很难以一个确定的日期甚至年份来具体确定转型期。另外,中国是个典型的二元社会,因此转型对于城市和农村而言是不同步的。1978 年,以家庭联产承包责任制为标志的改革率先在农村开始。1978 年通常被认为是中国转型的起点,确切地说应该是中国农村转型的起点。而对于城市而言,1984 年十二届三中

① 如科勒德克认为,中东欧国家完成转型的标志是加入欧盟。

② 参见贾瑞霞:“从‘华盛顿共识’到‘渐进—制度观’——中东国家转型理论探析”,《国外社会科学》2004 年第 4 期,第 25 页。

全会通过了关于经济体制改革的决定，标志着改革开始从农村走向城市。经过 1984 年至 1992 年的改革探索，1992 年进一步明确了改革的方向，即建立社会主义市场经济体制。本书研究的主题是关于城市贫困救助问题的，因此本书将转型期的开始界定为 1984 年。自转型开始直到未来某时，即普遍认为成熟的市场经济体制以及相关制度确立之时，这一区间被称为转型期。

需要说明的是，由于城市贫困救助政策的转型滞后于经济体制的转型，因此本书将区分社会转型与政策转型。城市贫困政策的转型一般以 1993 年城市最低生活保障制度的建立为标志。

第二章　贫困救助的一般理论

经过了一百多年的研究历程，贫困理论已经在经济学、社会学等相关领域发展成为一个较为成熟的理论体系，并形成了多个研究分支。本章将结合研究任务，梳理贫困的一般理论，作为后续分析的基础，分析中国转型期城市贫困和救助的一般性与特殊性。

2.1　贫困理论研究命题

2.1.1 贫困定义的发展性命题

资本主义制度作为先进生产关系，自它被创建以来就孕育着矛盾。在促进生产力极大发展的同时，随之而来的还有一系列诸如失业、阶级/阶层、贫富分化等社会问题。而这些社会问题的核心则是社会财富总量极大增加的同时出现的贫困问题。因此，虽然贫困现象可以追溯到人类社会的起源，但贫困的历史性描述大多与资本主义产生和发展相联系，贫困研究也在资本主义的发祥地——英国应运而生。

英国是最发达的老牌资本主义国家之一，也是制度性济贫实践和对贫困开展科学研究最早的国家。自一百多年前朗特里(Rowntree)和布思(Booth)开始了对贫困的科学性研究以来，[①]贫困及其发展的研

---

① 布思(Booth)的早期著作有1889年出版的《伦敦东区人民的劳动和生活》(接下页)

究也从未间断。当时最发达的英国存在贫困，在目前最发达的国家——美国，贫困也同样存在，它是任何富裕国家中一直存在的一种社会现象。但贫困的内涵是变化和发展着的。

首先，贫困的概念和内涵从绝对贫困走向相对贫困。

贫困分为绝对贫困和相对贫困，除了绝对和相对的二分法，还有三分法之说，代表人物当属汤森(Peter Townsend)和莫泰基。1993 年汤森将贫困划分为三个层次，即维持生存、基本需求和相对遗缺。莫泰基也将贫困分为绝对贫穷、基本型贫穷和相对贫穷。[①]虽然三分法也得到一定程度的认可，但并没有创造性地跳出二分法的逻辑模式，二分法仍然占有统治性地位。在从贫困的绝对性向贫困的相对性的描述过程中，贫困逐步从外在性走向隐蔽性。

贫困从绝对性向相对性转变也体现在贫困的描述从关注生理效能转向关注社会效能。乔治(George, V.)和霍华德(I. Howard)提出的贫困深度的观点，就是这一动态过程的反映。他认为，贫困的含义包括由最低的残存(starvation)，进而到维生(subsistence)，再发展为社会维持(social coping)，最后到社会参与(social participation)。[②]

也正是因为如此，阿马蒂亚·森(Amartya Sen)认为，贫困是指对人类基本能力和权利的剥夺，而不仅是收入低下。汤森提出的“剥夺指数”也是相对贫困释义的典型代表，他用贫困门槛(poverty

---

(接上页)(*Labor and Life of the People* : *East London*)；朗特里(Rowntree)的早期著作有 1901 年出版的《贫困：城镇生活研究》(*Poverty* : *A Study of Town Life*)。

① 参见汤森：《贫困的国际分析》(*The International Analysis of Poverty*)，纽约，Harvester Wheatsheaf Press, 1993；莫泰基：《香港贫穷和社会保障》，香港中华书局 1993 年版。

② George, V. &I. Howard(1991), *Poverty Admist Affluence*: *Britain and the United States*, Hants, England: Edward Elgar, pp. 2-11.

threshold)代替了贫困线(poverty line)。[①] 而当今流行于欧洲社会的社会剥夺(social deprivation)和社会排斥(social exclusion)理论则从贫困阶层落入贫困的过程,即被歧视、被剥夺的角度描述相对贫困。

其次,贫困的概念是与价值观相联系的。因此,存在关于贫困是否具有主观性的争论。

森在论述贫困是否是一个价值判断时,反对过分强调主观价值判断,他认为,道德会以不同的方式渗入到对贫困的衡量之中,把这些方式区别开来是十分重要的。[②] 客观指标相对于贫困者的主观态度更为重要。[③] 而另一种观点则强调贫困的主观性。主观性又有社会的总体评价以及贫困者自身的主观评价。前者不言自明,相对贫困线和生活状态法测量贫困就体现了社会对贫困的判断;后者,即贫困者自身主观评价的议题则更加有趣。一些研究者用主观剥夺(subjective deprivation)的概念概括这种现象,意思是说在不同的社会经济和文化背景中,人们对生活的期望值不同,所选择的参照群体也不同,导致在相似的物质生活条件下,产生不同的贫困感。[④] 汤森在1979年的研究中发现,在那些生活在贫困状态的人中有一半以上没有感觉到贫困:"他们中的许多人是通过其他途径认识到他们比那些中高等收入的人或以前

① 汤森首先建立了60个生活方式(style of living)的指标,并根据其中12个指标完成剥夺指标(deprivation index)。他将实证研究的剥夺指数与所得相联结,发现有贫困门槛的存在。

② 参见阿马蒂亚·森:《贫困与饥荒》,商务印书馆2001年版,第27页。

③ 参见李强:《中国扶贫之路》,云南人民出版社1997年版,第227页。

④ 转引自关信平:《中国城市贫困问题研究》,湖南人民出版社1999年版,第105页;原文参见J. A. Devine and James Wright, *The Greatest of Evils: Urban Poverty and the American Underclass*, Aldine de Gruyter, New York, 1993。

的生活境况差。”[①]类似地，皮特·阿克洛克(Pete Aclock)认为，如果人们自己并不认为自己是穷人，那么别人将他们列为穷人是否符合逻辑、是否公平，这个问题也让一些学者坚持贫困只能由穷人自己来定义。[②]贫困判断不会是价值中立，选择任何一种测量工具都不可避免地涉及社会价值的事情。从这个角度来说，只要存在不平等(inequality)，相对贫困就无法被消灭。

贫困的绝对性与相对性、主观性与客观性不仅反映了贫困定义的发展性。与此同时，可视的外在性的贫困开始向不可视的或隐蔽性较强的贫困发展。一个事实是：目前还没有一个准确、科学的、得到一致认可的贫困定义。[③] 贫困的定义表述角度各异，保罗·斯皮克尔将贫困的定性表述归纳为四个方面：基于物质条件、基于经济环境、基于社会关系、基于贫困标准。[④]而“缺乏说”、“能力说”、“排斥说”、“地位说”和“剥夺说”更能简单明了、完整地归纳贫困概念的发展。[⑤] 不过，从目前的研究现状看，国内外学者几乎在这个命题上拥有一致观点，即贫困是发展的，它不能被完全消灭。贫困问题是人类永远的研究命题。

2.1.2 贫困的社会归因命题

一种早期的观点从辩证的角度考察贫困的原因，即缺少繁荣。认为，要探求贫困的原因必然要陷入死胡同，因为贫困没有原因，而只有繁荣才有原因。这正如热量是由运动过程产生，它是有原因

---

① Townsend P., *Poverty in the United Kingdom: A Survey of Household Resource and Standard of Living*, Penguin, 1979, p. 431.

② Pete Alcock, *Understanding Poverty*. The Macmillan Press Ltd., 1993, p. 9.

③ Ibid., 1993, p. 1.

④ 参见保罗·斯皮克尔：“贫困与福利国家——揭开‘神话’的面纱”，丁开杰、林义编：《后福利国家》，三联书店 2004 年版，第 277—308 页。

⑤ 参见唐钧等.《中国城市贫困与反贫困报告》，华夏出版社 2003 年版，第 28—30 页。

的,但冷并非是任何过程的结果,只是缺少热量而已。贫困和经济停滞的"冷"只是缺少经济发展,且只有通过相应的经济发展才能克服。[①]然而,实践已经证明,经济发展不能彻底解决贫困问题,贫困及其原因是客观存在的。随着贫困研究的发展,越来越多的理论支持一个观点,即贫困是社会的产物。这其中隐含着两层含义,[②]其一是贫困的存在(the incidence of poverty),即贫困与不平等的存在源于社会本身;其二是贫困的分配(the distribution of poverty),即某些个人或群体易于沦为贫困也主要因为社会因素。

贫困的社会功能可以解释贫困存在的部分原因。这一理论认为,社会是一个有机整体,贫富差距的存在不可避免,贫困的存在对社会也有重要的功能。美国社会学家甘斯(Gans,H.)就是这一观点的代表人物。他在《美国社会学》杂志第76期概括了贫困或穷人在社会中的十大功能。[③] 贫困的功能理论并非承认社会因为需要贫困所以将它生产出来,而是贫困的存在会产生如上的社会功能,因此巩固了贫困的存在。与功能论相对的贫困的冲突理论也从另一角度解释贫困的存在,这一理论认为,社会由于阶级、性别、年龄、种族等因素而被阶层化,因此政治与经济的权利就被不公平地分配,贫困的产生就在这个网络下存在。[④] 费尔格(Ferge)和米勒(Miller)在他们的著作《剥夺的动态性》(*Dynamics of Deprivation*)中阐述了一个观点,贫困不是个人缺陷或

---

① Jacobs,J., *The Economy of Cities*, New York: Random House, 1969, p. 118.

② 这里参考了乔治与霍华德将贫困问题为何存在分解为贫困的存在和贫困的分配这两个议题,参见 George,V. &I. Howards, *Poverty Admist Affluence: Britain and the United States*. Hants,England: Edward Elgar, 1991, p. 85。

③ 转引自曹文道博士论文:《转型期中国反贫困机制与对策研究》,第20—21页。

④ George,V. &I. Howards, *Poverty Admist Affluence: Britain and the United States*. Hants,England: Edward Elgar, 1991, pp. 87-92.

失败的结果，而是社会力量(social forces)——阶级、集团、机构、制度在特定的社会秩序(social order)中运行的结果。

不仅贫困的存在源于社会，贫困的分配也是整个社会与制度建构的结果，这就是与贫困个人归因论相对的社会归因论。这种观点认为，贫困是被人类社会生产出来的，它在很大程度上是社会政策或经济政策的产品。[①] 在建构生产和资源再分配过程中，社会与经济力量会发生变动，而贫困正是这些社会力量中不可接受的结果。[②] 原因是权力、阶级、性别甚至种族等因素所造成的歧视，阻碍了个人平等地享有社会机会与资源。当代西方社会的底层化、贫困女性化、贫困老龄化以及贫困的种族化等特征就是社会建构的结果。朗特里早在一百多年前就指出，劳动阶级致贫的主要原因仍是一些个人无法控制的因素，如老年、疾病、死亡、失业、工作不稳定与低薪资。此外，他也进一步从一个人生命周期过程的观点来论述劳动阶级陷入贫困的结构性原因，显然，此种论述的目的就是排除个人不当的行为所导致的贫穷。[③] 贫困的社会归因观还存在一个解释角度，以德国著名的思想家、哲学家和社会学家西梅尔(G. Simmel)为代表，西梅尔从贫困者是由社会“制造”的角度论述了贫困是社会产物的观点。他认为，贫困者是社会救济制度创造出来的。贫困者并不是因为最初就有，然后社会对其进行扶助，而是相反，即因为社会中的一些人受到扶助或应该受到救济(虽然可能还没有实施)，贫困者才得以产生。也就是说贫困本身不是独立的确定的状态。它是在社会的反作用下通过救助者与被救助者的关系先行定位贫困

① Pete Alcock, *Understanding Poverty*. The Macmillan Press Ltd., 1993, p. 5.

② Ibid., p. 257.

③ 参见王顺民:《社会福利服务:困境、转折与展望》,(台湾)亚太图书公司 1999 年版，第 12 页。

者,然后才确定何为贫困。并不是因为贫困才有了贫困者,而是对贫困者作出选定,那么贫困者的状态被称为贫困。① 他的这一思想是独特的,对主体和客体的相互关系提出了挑战。他的论述可以概括为,贫困不是客观就可以规定的,贫困本身是社会所制造出来的一种范畴,是社会制度认定的结果。西梅尔的观点也极具讽刺意义,当中的逻辑是,为解决贫困问题制定贫困政策,正因为救贫制度和政策,社会为自身创造了贫困者。

"贫困是社会的产物"实际上是"责难社会"(blaming society),与之相对的是"责难当事人"(blaming the victim),强调贫困之所以发生是由于个人的缺失、错误或是缺陷造成的,如将贫困人口归因于较低的智力,或是归因于人力资本,即缺乏教育、知识、技能等。发展到 50 年代后,又有贫困文化的归因。贫困文化理论的提出给人们提供了一个独特的研究视角和分析方法。贫困文化理论在强调个人主义的国家(如美国)获得广泛的推崇。这一理论认为,穷人有一种强烈的宿命感、无助感和自卑感;他们目光短浅,没有远见卓识;他们视野狭窄,不能在广泛的社会文化背景中去认识他们的困难。也就是说,贫民与其他社会成员在价值、行为模式以及信念上有所不同,形成贫困次文化,并代代相传,造成贫困的持续与循环。②

贫困个体归因论和社会归因论的争论贯穿于贫困理论发展的近代史。不过,早期对于贫困致因的揭示趋向于个人病理观点,现今已逐渐

---

① 参见[德]西梅尔(G. Simmel)著,居安正译:《社会学》,白水社 1994 年版,第 61—100 页。

② 这一理论是由人类学家奥斯卡·刘易斯(Oscar Lewis)提出的。1959 年,他在其所著的《贫困文化——墨西哥五个家庭实录》(*Five Families—Mexican Case Studies in the Culture of Poverty*)一书中首次提出"贫困文化"这一概念。

强调社会结构的解释。[①]

2.1.3 贫困与自由的命题

西方政治家标榜的自由与平等很难在现实社会中同时实现，因此社会化的贫困在很大程度上与自由相伴而生。资本主义是建立在生产资料私有制基础上，在承认财产私有以及人与人之间不平等的前提下，强调市场对资源的配置和组织形式的制度。只要承认私有制，平等就是不可能实现的。关于自由与平等不能两立的问题，西梅尔有一段经典论述：

> 人与人之间的完全自由在完全平等的前提下才能实现，但是完全平等在个人的方面是不可能实现的。然而，在争取权利及地位的时候，人们之间的能力在质与量方面最初都是不平等的。所以，完全的自由是一种有才能的人利用不平等所造成的结果。是那些聪明者对愚蠢者、坚强者对软弱者、胆大者对胆小者利用不平等所造成的结果。一般的社会制度所给予的自由在人的关系之间再次成为幻想，在一切权力关系中，最初处于有利地位的又能再次获得“资本积累”，因此权利的不平等迅速扩大。处于有利地位的人们的自由靠牺牲下层人们的自由得以扩展。在经济领域允许利用个人的优越性的条件下，经济领域的平等也是不可能实现的。只有废除了生产手段的私有制，平等才变得可能，不平等和自由的限制才能得到缓和。很明显，自由与平等间存在着深刻的矛盾，这一矛盾只有在一无所有和没有权利的状态下才能解决。平等要求人们服从一般的规范，自由则期待摆脱束缚。立法者与革命家们

---

① 参见孙健忠：《台湾地区社会救助政策发展之研究》，私立中国文化大学中山学术研究所，博士论文，1994年，第19页。

同时允诺实现自由与平等,这完全是一种梦想或是欺骗。[①]

西梅尔的观点就是,只要在私有制条件下,即允许自由存在,平等就无法实现。如果要实现平等,只有放弃自由。联系到资本主义社会的实际,他们总是号称“自由、平等的社会”,而自由也总是放在平等的前面,他们在追求自由的同时,实际上不平等已经开始萌芽。当然,不平等与贫困的关系是一个有争议的问题,米勒和罗比(Roby)支持“贫困就是不平等”的观点,他们认为:从社会等级阶层的角度来考察贫困问题,可以使我们认识到,贫困问题的本质就是一个不平等问题。在这一方法中,我们并不试图去测定一个具有所谓科学准确性的贫困线。相反,我们观察一个社会中最富有的20%人口或10%人口,与这个社会中的其他人在收入分配上的差别的性质及大小。我们所关心的是处于各等级最底层的人与其他人之间差别的缩小。[②]

然而,森并不赞同他们的观点,他认为不平等与贫困是两个根本不同的问题。试图把贫困“当做一个不平等问题”来分析,或者以某种与此相近的方式来看待二者关系,都是不恰当的。[③] 他的理由是,特定阶层的收入转移(如高收入阶层向中等收入阶层的收入转移)以及普遍性的收入下降,即不平等程度的改善或不变,都可能会导致贫困状况不变或恶化。但同时,他承认不平等与贫困确实有一定的联系。贫困作为一个有意义的、有其自身复杂性一个概念,不平等在贫困的一般存在中所起的作用就可以被纳入其中。虽然不平等并不必然导致贫困作为社会问题存在,不过社会不平等首先意味着一些人的收入以及实际生活

① [德]西梅尔著,清水几太郎译:《社会学的根本问题——个人与社会》,岩波书店1979年版,第103—105页。

② 参见阿马蒂亚·森:《贫困与饥荒》,商务印书馆2001年版,第23页。

③ 同上书,第24页。

水平低于另外一些人。当不平等的一定程度的量的积累以及在质上形成了社会阶层或底层阶级时,那么社会不平等就直接表现为社会贫困。一般意义上说,贫困与不平等两个概念密切相关,又具有不同含义。贫困是社会不平等的一个后果和象征,当引入相对贫困的概念后,两者的关系更为密切。[①] 类似的原理,平等只是意味着相对关系中的贫困的消除,而并不意味着绝对意义上的贫困的消除。

那么,社会主义社会中的自由和平等关系如何?社会主义者主张平等,贫困是否因此可以被消除?马克思、恩格斯、列宁、斯大林等社会主义理论的缔造者指出了社会主义社会的重要分配原则——按劳分配会产生收入差别的问题。马克思在《哥达纲领批判》中指出,按照劳动尺度进行分配,既是平等的又是不平等的,“平等就在于以同一的尺度——劳动——来计量”报酬,“它不承认任何阶级差别,因为每个人都像其他人一样只是劳动者;但是它默认不同等的个人天赋,因而也就默认不同等的工作能力是天然特权。所以就它的内容来讲,它像一切权利一样是一种不平等的权利”[②]。列宁也认为,按劳分配“还没有消除对不同等的人的不等量劳动给予等量产品的‘资产阶级权力’”[③]。就如同西梅尔所说的:“从理想上来说社会主义也不是想废除自由,社会主义想废除的是当有自由的时候,甲为了自身的利益牺牲乙的自由。”[④]

2.1.4 贫困及救助政策的社会排斥命题

社会排斥(social exclusion)理论是在欧洲发展起来的社会学中层

---

① 参见关信平:《中国城市贫困问题研究》,湖南人民出版社 1999 年版,第 98 页。

② 《马克思恩格斯选集》第 3 卷,人民出版社 1972 年版,第 11—12 页。

③ 《列宁全集》第 31 卷,人民出版社 1985 年版,第 90 页。转引自李军:《中国城市反贫困论纲》,经济科学出版社 2004 年版,第 31 页。

④ [德]西梅尔著,清水几太郎译:《社会学的根本问题——个人与社会》,岩波书店 1979 年版,第 104 页。

理论。它的创建与逐步完善为解释社会问题和探寻解决社会问题的途径提供了一种新的理论和方法,吸引了来自学术界、政府(如英国政府)以及国际组织(如欧盟)的社会学理论研究者、政策研究者的关注,从而越来越倾向于在社会排斥的思想框架下探讨复杂的社会问题。

自法国人勒内·勒努瓦(Rene Lenoir)于1974年第一次明确提出社会排斥概念后,至今尚没有一个统一的被广泛认同的定义,学者们都从各自不同的视角对其加以界定。

从外延上看,社会排斥的类型很多,有在商品和服务领域的社会排斥,有劳动力市场的社会排斥,还有地域的社会排斥、人权方面的社会排斥、宏观经济发展战略方面的社会排斥等等。[①] 从这些定义中,仍可以找出对社会排斥定义的不同侧重。

英国政府的社会排斥办公室指出:"社会排斥作为一个简洁的术语,指的是某些人们或地区遭受到诸如失业、技能缺乏、收入低下、住房困难、罪案高发的环境、丧失健康以及家庭破裂等等交织在一起的综合性问题时所发生的现象。"[②]这强调的是社会排斥作为一个结果的概念。

参与(participation)被认为是社会排斥概念中的重要因素。伯查特等学者(Burchardt et al., 1999) 指出,社会排斥是个人生活居住在一个社会中,没有以这个社会的公民身份参与正常活动的状态。[③] 欧

① Rodgers, G., "What Is Special about a 'Social Exclusion' Approach?" in Rodgers, G., Gore, C. & Figueiredo, J. B. (ed.), *Social Exclusion: Rhetoric, Reality, Responses.* Geneva: International Institute for Labour Studies, 1995, pp. 39-55.

② Social Exclusion Unit(2001), *Prevention Social Exclusion*, Social Exclusion Unit at the Office of the Deputy Prime Minister in the Cabinet, London, United Kingdom.

③ Burchardt, T., Le Grand, J. & Piachaud, D., "Social Exclusion in Britain 1991-1995," *Social Policy & Administration*, Vol. 3, 1999, pp. 227-245.

盟则从社会排斥与人权的实现程度相联系的角度，强调"每个公民有权享受某种最低的生活标准，有权参加社会的和职业的主要建制"，在"有权参与"的假设下，提出"社会排斥问题可以从这些社会权利的否定或未实现的角度来分析研究"。[①] 这类定义强调了社会排斥是一种状态。

关于社会排斥的另一个典型的定义是：社会排斥是一个过程，在这个过程中，个人或群体被制度性地阻碍，而使其生活无力达到特定的制度和价值观下的社会标准。[②] 它强调的是社会排斥作为过程的一面。

因此，归纳社会排斥的定义，它既是一种原因、动态过程和机制、状态，还是一个政策结果。正如卡斯特尔(Castel，R.，2000)所说的，社会排斥不仅仅是一种极端的状态，它是工资社会(wage society)运行中，剥夺(孤立)积累的逻辑结果。[③] 它是指在长期繁荣之后重新出现的、用以往的阶级和社会分层理论不能充分解释的新现象，它往往伴随着大规模的经济变迁、竞争状况的增强以及相应的社会和政治制度的改变而出现，是经济和社会重建的结果。[④]

西欧最初被称为"新贫穷"的现象产生时，需要寻找一种新的对其进行概念化和讨论其原因与症状的方法。正是在这个时候，社会排斥

---

① Room，G. et al.，*Observatory on National Policies to Combat Social Exclusion*. Second annual report. Commission of the European Communities，DGV. 1992，pp. 14-15.

② Castells，M.，*End of Milllenium*. Oxford：Blackwell，1998，p. 73.

③ Castel，R.，"The Roads to Disaffiliation：Insecure Work and Vulnerable Relationships，" *International Journal of Urban and Regional Research*，2000，24(3)，p. 534.

④ Littlewood，P. & Herkommer，S.，"Identifying Social Exclusion：Some Problems of Meaning，" in Paul Littlewood，Ignace Glorieux，Sebastian Herkommer & Ingrid Jonsson (eds.)，*Social Exclusion in Europe*：*Problems and Paradigms*，Aldershot：Ashgate Publishing Limited，1999，pp. 1-21.

概念作为一种方法浮现出来。随着对贫困的研究从物质贫困到基本需求的剥夺再到社会排斥,贫困似乎已经被社会排斥、社会分裂(social disintegration)、社会边缘化(social marginalisation)所稳定地替代,而同时社会排斥又是一个相对更加宽泛的词语,包含着社会剥夺或分裂。而从社会排斥概念产生的背景来看,它从被创建之初就不能不与贫困与社会政策的概念产生联系。社会排斥理论体系的发展过程也深刻地影响着贫困与社会政策理论发展。与贫困等有关概念相比,社会排斥具有多维、多学科性、动态过程性等特点。[①] 这也奠定了在社会排斥的理论框架下研究贫困的重要意义。

社会排斥理论范式的用武之地不仅在于贫困问题的研究,它与社会政策的结合亦十分紧密。社会排斥的概念提出以来,一个核心问题就是"谁是被排斥者",而不是关注"谁排斥了被排斥者"这个问题。其含义实际上把社会划分为两部分,即"圈内人"和"圈外人",圈外人往往是穷人或贫民、社会边缘的沦落者和领受救济者、无产者和赤贫无产者、社会地位不利者或住房恶劣者等处于社会底层的人们。[②] 而这些圈外人也往往成为"创造包容(integration)、去除疏离(alienation)的社会政策"[③]的对象。另外,贫困救助政策作为社会政策之一,其目标和社会效果也会产生矛盾,在促进社会包容(或社会融合)的同时,它又不

---

① Rodgers, G., "What Is Special about a 'Social Exclusion' Approach?" in Rodgers, G., Gore, C. & Figueiredo, J. B. (ed.), *Social Exclusion: Rhetoric, Reality, Responses.* Geneva: International Institute for Labour Studies, 1995, pp. 39-55. Atkinson et al., (2002) also expressed the similar point of view.

② 参见皮埃尔·斯特罗贝尔(Pierre Strobel):"从贫困到社会排斥:工资社会抑或人权社会",《国际社会科学杂志》1997年第5期,第22页。

③ Titmuss, R. M., *The Gift Relationship: From Human Blood to Social Policy*, London: Allen and Unwin, 1970, p. 212.

可避免地产生社会排斥。

彼得·汤森在分析英国政府反贫困措施时曾指出,英国反贫困措施基本上是以一种剩余性的福利政策来弥补社会分配的差距,或者只是简单地为工人进入劳动力市场提供某种保护,而忽视了公民应具有的社会权利,尤其是参与社会生活的普遍权利。在这种带有浓厚保守主义色彩的社会政策建构中,个人的需要和社会资源的配置之间的差距,始终都因为市场竞争的原因而被拉大,社会不是使被剥夺者受到优惠和保护,而是强化了对有利阶层的社会利益分配。①

社会排斥通常又与社会政策利用者的耻辱感相互联结。耻辱感意味着对他们的负面社会认同,正如戈夫曼(Goffman,1974)指出的,“我们相信一个带有耻辱烙印的人不是一个完全意义的人”②。耻辱感也因此暗含着社会排斥。就社会救助而言,贫困者总是作为“他们”出现,而非贫困者则属于一般社会成员,即“我们”。对贫困者的救助就是“排斥中的包容”,就如同西梅尔所说的,贫困者既在社会之中,又在社会之外。

当贫困问题研究角度开始转向社会剥夺和社会排斥的概念后,社会政策的目标就从克服贫困转变到了消除社会排斥上,社会政策开始作为反排斥的手段出现。然而,正如西梅尔的逻辑,贫困救助政策在反社会排斥的同时也产生社会排斥。汤森和戈登(Gordon)在分析财产调查手段时认为,财产调查的救助政策会产生与政策本身目标相矛盾的方面,即以社会融合为目的的社会政策也会因耻辱感而产生社会排

① Peter Townsend and David Gordon, *World Poverty: New Policies to Defeat an Old Enemy*. The Policy Press, 2002.

② Goffman, E., *Stigma, Notes on the Management of Spoiled Identity*. New York, NY: Aronson, 1974, p. 5.

斥(如表 2-1 所示)。

表 2-1 财力调查的双重效应

正面(Pros)	负面(Cons)
限制社会开支	管理:高成本,高错误率
拉平收入分配,在低端收入水平上提高社会公平度	需求指标的正确性:非正式财产和新家庭模式
真正将资源分配给需要的人	与社会政策的更广泛目标的矛盾: ◇ 贫困陷阱↔贫困和依赖(dependency)终结 ◇ 耻辱感↔社会融合 ◇ 不利用(non-take-up)↔公正、贫困终结

资料来源:Peter Townsend and David Gordon (2002), *World Poverty: New Policies to Defeat an Old Enemy*. The Policy Press(UK), p. 175。

社会排斥的视角不仅发展了社会政策理论,而且体现在社会政策的具体运作中,演化为具有很强操作性的概念。社会政策也是反社会排斥的主要手段。作为"用社会政策反社会排斥"的理论研究和实践的先锋——欧盟,早在 20 世纪 80 年代的文件中就开始使用社会排斥的概念。在社会政策方面,1989 年,欧盟参照对欧洲共同体成员国的要求,执行促使每一个人能够融入(include)的标准:教育,能熟练地掌握基本技能,培训,工作,住房,社区服务,医疗照顾。2000 年,欧盟制定了计划方案,目标就是实现于 2010 年前消除贫穷和社会排斥。①

社会排斥理论和实践与欧洲社会经济发展的背景密切相关。阿马蒂亚·森(2000)在对亚洲社会排斥现象的研究中指出,社会排斥的理念近来被用于描述在亚洲特别重要的、多种多样的排斥现象。从某种意义上来说,社会排斥概念的出现是在重大的经济和社会转型背景之下,对社

① 参见彭华民:"社会排斥与社会融合:一个欧洲社会政策的分析路径",《南开学报》(哲学社会科学版)2005 年第 1 期,第 36 页。

会弱势群体重新进行概念化的一种尝试。[①] 在中国转型的特殊时期，社会学界也开始将贫困及社会政策置于社会排斥的理论框架中，开始用社会排斥的理论范式研究转型期社会问题和社会政策，如失业、弱势群体、贫困、就业等。[②]

2.2 救助理论的命题

2.2.1 救助动机命题

在社会政策类型划分中，即便是极右派的放任主义型、反集体主义型都不反对国家对贫困者采取济贫措施，以保障其最低生活需要。[③] 迄今为止，任何国家和政府都会有相应的济贫政策，那么济贫或救助的初衷和目的是什么？是为了满足怎样的需要？孙健忠(1994)总结了关于社会救助政策发展的解释，即社会进步论、技术决定论、社会控制论、多元主义论、扩散作用论、国家中心论。[④] 社会进步论意为政府基于进

① Gore, C., "Introduction: Markets, Citizenship and Social Exclusion, "in Rodgers, G., Gore, C. & Figueiredo, J. B. (ed.), *Social Exclusion: Rhetoric, Reality, Responses.* International Labour Organization(International Institute for Labour Studies), 1995, pp. 1-39. 转引自陈树强："社会排斥：对社会弱势群体的重新概念化"，http://www.sociology.cass.cn，2005年6月18日。

② 参见曾群、魏雁滨："失业与社会排斥：一个分析框架"，《社会学研究》2004年第3期；李斌："社会排斥理论与中国城市住房改革制度"，《社会科学研究》2002年第3期。杨团、唐钧、孙炳耀等学者更将社会排斥的框架引入社会政策领域中。

③ 自60年代以来，多位学者开展对社会政策类型划分研究。从二分法(Wilensky & Lebeaux, 1965)、三分法(Titmuss, 1972)到四分法(George & Wilding, 1976)甚至五分法(Williams, 1989)，可参考李明政著：《意识形态与社会政策》，台湾洪叶文化事业有限公司，第52页。

④ 参见孙健忠：《台湾地区社会救助政策发展之研究》，私立中国文化大学中山学术研究所，博士论文，1994年，第26—33页。

步的结果和愿望而逐步满足国民的社会需求。技术决定论则是指由于工业化后社会结构变迁而引发社会福利制度发展的需求。社会控制论的要点在于缓和矛盾,修正、维持社会规范并控制社会偏差。多元主义是利益集团和政治对社会政策发展的影响。扩散作用论和国家中心论分别概括了来自国外政策的扩散以及国家作为利益集团间的仲裁者对社会福利的影响。在解释政府施助政策的理论和定位——即动机和目的方面,社会控制论、技术决定论以及社会进步论三个思维范式具有较大影响。

(一) 社会控制论

社会福利运行基于两大原理,其一是交换原理,如社会保险;其二是赠与原理,如社会救助。前者遵循权利和义务相对应,后者是维护前者正常运行的保障,是将受益对象和施与者区分开来。社会控制(social control)曾被认为是社会的核心问题和事实。[①] 国家实施社会救助也是社会控制的手段之一,是基于社会共同体的需要。巴兰(P. Baran)和斯威齐(P. Sweezy)认为,资本主义福利制度是一种社会控制工具。统治阶级通过福利制度,降低工人对资本主义社会的不满,争取劳工的国家认同,从而使阶级冲突得以消除。曼德尔(E. Mandel)更是直言不讳:认为福利国家基本上是社会控制的工具而不是收入再分配的体系。其用意则是"避免爆炸",因为改革在某些方面与弱势群体的贫困状态相互冲突和矛盾。[②] 其实,赖因在 1971 年也表达了救助的社会控制观点,他阐述了贫困的三个"宽泛概念",除了"生存"、"不平等",还有"外部性影响",即"绝不能让人们贫困到被迫犯罪或危害社会的地

① Park R. E., "Sociology and Social Science: The Social Organism and the Collective Mind," *American Journal of Sociology*, 27(1), 1921, p. 20.

② 参见范斌:《福利社会学》,社会科学文献出版社 2006 年版,第 53 页。

步。按照这种贫困观,贫困不仅是穷人的不幸和苦难,更为重要的是,它还导致社会不安并增加社会成本。之所以存在贫困问题,是因为低收入者会为高收入者带来麻烦"。[①] 因此必须维持社会规范,也就是控制社会偏差。通过社会救助,或者是所谓的社会工资,用以维持社会秩序,并压制或惩罚以修正行为,[②]这是政府通过给付与提供服务从而促使受助者及社会成员遵从社会的规范与意识形态。[③] 皮文和克洛沃德的研究也表明,政府向穷人提供救助的意愿并非基于穷人的迫切需要,而是觉察到穷困对社会稳定构成的威胁。[④] 社会救助的实践中,也不排除具有其他多元的、兼而有之的、相互联系的理念。社会控制可以说是一双隐形的手在操控着福利的提供,扮演着规制者的角色。[⑤]

政府救助强调社会控制的另一证据是,救助常常强调道德品质的重要性,区分"值得"(the deserving)与"不值得"(the undeserving)两类。除判断在多大程度上穷人要对自己所处的境况负责或接受问责(blame)外,其背后蕴涵的逻辑是使受益者的权利与贡献保持平衡,这不仅有助于塑造穷人的社会责任感,而且还对那些"问题人口"即"不道德公民"或行为失控者进行重新塑造。各国社会救助发展中道德标准

---

① Rein, M., "Problems in the Definition and Measurement of Poverty," in Peter Towsend(ed.), *The Concept of Poverty*. London: Heinemann, 1970, p. 46.

② Dean, H., *Social Security and Social Control*. London: Routledge, 1991, pp. 11-23.

③ Day, P. J., *A New History of Social Welfare*. Boston: Allyn&Bacon, 1989, p. 36; Gladstone, D., "Introducing the Personal Social Services," in D. Gladstone(ed.), *British Social Welfare: Past, Present and Future*. London: UCL, 1995, p. 166.

④ 转引自考斯塔·艾斯平-安德森著,郑秉文译:《福利资本主义的三个世界》,法律出版社 2004 年版,第 62 页。

⑤ Novak, T., *Poverty and the State: A Historical Sociology*. Milton Keynes: Open University Press, 1988, pp. 30-31.

的使用似乎有规律可循,以英国、美国、日本为例,社会救助的发展就有很多道德的烙印。道德标准一直是各国政府和社会界定穷人以及救助议题中的难点和关键,其含义就是指社会公认的价值观下将“不值得帮助”的穷人分离出去,或者不予救助,或者通过惩罚性劳动的方法解决救济问题。“不值得帮助”的穷人在不同时代和不同社会的外延是不同的,如在英国1834年,身强力壮的流浪汉、乞讨者、窃贼和前罪犯被界定为“不值得帮助”的人。[①] 而1942年,具有时代意义的《贝弗里奇报告——社会保险和相关服务》建议将下面两种人纳入长期救助范围,第一种是拒绝接受适当的工作、无正当理由离开工作、因本人表现不好被解雇等情况下不能享受失业保险金的人;第二种是因不到指定的工作场所或培训中心而不能享受失业保险金的人。[②] 直到第二次世界大战后一段时期,新西兰的社会救助政策仍然拒绝给予那些有“不道德”婚姻行为的人——如离婚者。“不值得帮助”的范围随着社会价值观的变化而发生了变化。政府救助强调道德品质的重要性,体现一定的社会控制和社会共同体需要。

(二)技术决定论

除了上述社会控制的理论,功能主义的另一流派持有技术决定论(technological determinism)的观点。技术决定论就是从功能主义出发,强调社会政策变革的需求来自于工业化和市场化的影响以及导致的社会结构的变迁,借以维持社会的均衡和整合。社会的每一个部分都对总体发生作用,由此维持了社会稳定。他们认为,社会越是工业

① 参见刘继同:“英国社会救助制度的历史变迁与核心争论”,《国外社会科学》2003年第3期,第62页。

② 参见威廉姆·贝弗里奇等著,劳动和社会保障部社会保险研究所译:《贝弗里奇报告——社会保险和相关服务》,中国劳动社会保障出版社2004年版,第160页。

化，各社会之间的结构越是相似。一致的工业化逻辑需要政府干预。前工业社会的慈善福利和家族福利，转变为工业社会的职业福利或国家社会福利是必然的趋势。在20世纪70年代中期以后，更多的经验研究也支持了功能主义途径下的现代化与工业化过程观点，即经济系统现代化造成社会一系列的变动，包括人口老化、家庭核心化等，从而导致各种社会政策的发展。

法国社会学家涂尔干(Emile Durkheim)也可以作为这一流派的代表。他提出了“社会团结”的理论，强调通过集体意识或共同意识和法律体系来建构社会团结。在他看来，维系目标与手段的一致性对社会整合具有至关重要的意义。将功能主义发展为社会分析中的一个全面而系统的领袖人物是帕森斯。帕森斯认为社会只有满足了四个基本需求，即目标的获得、对环境的适应、将社会不同部分整合为一个整体以及对越轨行为的控制，才能发挥其功能。社会福利投资的观点可以归于功能主义的技术决定论中。在工业社会中，社会福利作为投资可以刺激经济。也就是，按照功能主义的思想，社会救助政策作为社会支持网络，其产生、发展及结构变迁都是社会发展的必然现象，是社会团结、发挥社会功能的必要手段。救济政策不仅可以改善穷人的生活状况，而且可以提升他们的消费能力，直接创造需求和刺激生产。

社会学家西梅尔也认为福利和救助之所以存在是社会整合的需要。他认为，贫困者既在社会之中，又在社会之外。贫困者接受扶助以后就已经不是普通的市民了，因为他们不用交税，他们的市民权会受到限制。贫困者作为特殊的社会群体被定位，即社会本身寻找贫困者的存在，对社会的整合是有利的。社会整体的利益中，贫困救助本身(不管是自发的还是通过法律强制执行的)并不是把贫困者作为对社会有害的敌人,而是把他们被压制下去的一种力量重新变成社会的生产性力量,防止贫困者子孙的退化。贫困救助的过程中,对贫困者的保护本身并不是救助的最终目的,而最终目的是社会共同体的一种自我保护和发展。很明显,西梅尔认为社会救助想解决的对象不是贫困者,社会救助只不过是实现社会整合的行政手段而已。通过它尽可能地从共同的社会福利中除去贫困者所带来的危险和损失。救贫虽然是一种财富的再分配,但贫困者扶助并不是企图废除贫困悬殊,使整个社会平等化,实际上只是在承认现有制度框架下缓和社会矛盾。贫困者保护本身就是一种社会分层及社会分化的现象,并要这种现象继续存在下去。①

实际上,从政府制定政策的动机和目的考察具有强烈功能主义色彩的技术决定论,无论是涂尔干的"社会团结"、帕森斯的"对越轨行为的控制",还是西梅尔主张的"社会共同体的自我保护和发展",他们的主张也同时具有社会控制的色彩。西梅尔关于贫困救助的社会控制观点中还带有一定的民族主义的色彩。他说公共的社会如同一些狭小的社会组织一样,比如家庭内部有无数的各种各样的扶助。与其说是为被扶助者进行的,倒不如说是不让被扶助者成为家庭的耻辱。整个家庭不因为某位家庭成员的贫困而失去了家庭的名声。② 很明显,西梅尔的论述支持了一个观点,那就是社会救助是社会控制及维持社会共同体需要的重要手段之一。

（三）社会进步论

社会进步论指人们出于社会良知或利他主义人道情操,或作为社

① 参见[德]西梅尔著,居安正译:《社会学》,白水社 1994 年版,第 61—100 页。

② 同上。

会成员的社会权，即国民福祉与安全的权利等社会进步因素，促使政府逐步满足并改善国民的社会需求。社会价值观和意识形态对福利或救助的建立，内容、水平的逐步扩大和提高产生重要影响。换言之，政府对问题的介入态度改变，社会措施也随之改变。

马歇尔(T. H. Marshall)早在1963年就提出了公民权利推动社会政策发展的观点。他所谓的"社会权"是指国民福利与安全的权利，以社会服务为具体表现。基于社会权的发展，社会福利和救助的发展是渐进的，涵盖范围和保障水平是扩大和提高的。[①] 贝克(John Baker)1979年提出的社会良知(social conscience)理论认为，社会福利是解决社会问题时最道德的方法；通过政府干预社会福利服务的社会政策显示了人类共同拥有的爱心和慈善精神，而社会政策源于人们逐渐加深的社会责任感和人民对需求认知的增加。[②] 米奇利(J. Midgley)1995年在其著作《社会发展：发展视角下的社会福利》中首次在社会发展的框架下考察社会福利。他的观点中具有强烈的功能主义色彩——对经济发展的促进作用：如积极的社会福利、社会福利的投资导向以及社会福利对经济和社会政策的整合等。但他同时强调，社会发展具有与经济发展同等重要的地位。这就从规范(价值判断)的角度支持人们社会福利的改善。

当社会进步论的观点从学者走向社会，最后成为影响政府社会政策的重要因素时，社会政策则呈现出明显不同于社会控制论和技术决定论指导下的政策特点。具体到某一时期的某一社会，由于处于不同的发展阶段，主客观条件具有一定的差别性，社会政策的主导理念、定

① 参见孙健忠：《台湾地区社会救助政策发展之研究》，私立中国文化大学中山学术研究所，博士论文，1994年，第27页。

② 参见范斌：《福利社会学》，社会科学文献出版社2006年版，第49页。

位可能是不同的。而且通常表现为上述几种理论的综合。然而,在特定时期,政府总有一个具有相对重要的政策定位。这里对中国转型期救助政策的理论定位进行简单分析。

2.2.2 救助标准命题

在救助实践中首先遇到的是贫困测量问题,这是具有现实性、技术性的难题。首先,测量实际上是判断怎样才是贫困的问题。首先,经济标准是什么,是贫困的标准还是救助的标准?贫困和救助是无法截然分开的矛盾统一体,所以实践中常常将贫困线和救助线相互混淆。但这是一个同义反复的逻辑错误。① 其次,采用收入法测量会产生系统内误差。正如森所说:"明显的感觉直接方法优于收入法……只有当缺乏有关特定需求满足的直接信息时才引入间接的收入指标,因此收入法为次优选择。"②第三,就具体测量方法而言,每种方法也存在自身的缺陷。如基本生活资料法,这种方法有时还变种为测量固定搭配的商品,通过处于贫困线上的个人的消费商品状况获得,再估计不同地区和时间购买这些固定商品的成本。但这一方法不适于由于相对价格大幅度变化而改变其消费结构的贫困者;③而就基本生活形态法而言,"客观性"受到质疑以及缺少绝对性作为内核。国际上常常使用每天1美元消费作为贫困标准,这一测量方法虽然对于低收入国家来说较有代表性,但是一方面它忽略了一个特定国家在不同地区和不同时期之间价格的变动;其次这种方法用购买力平价汇率衡量贫困,导致对当地生

---

① 参见唐钧:《中国城市居民贫困线研究》,上海社会科学院出版社1998年版,第8页。

② 阿马蒂亚·森:《贫困与饥荒》,商务印书馆2001年版,第26页。

③ 参见孟昕、Robert Gregory、王有捐:"1986—2000年中国城市的贫困、不平等及其增长",《中国劳动经济学》2004年第1卷第1期,第35页。

活成本度量的众所周知的错误。① 如果选择社会平均收入或中位收入的一定比例(如 50%)作为贫困线的标准也面临质疑,即如何确定具体比例,确定的比例是否符合一国和不同类型家庭的实际情况。

道德标准是指政府救助强调道德品质的重要性,在救助实践中,一定社会价值观下的道德标准一直是获取救助的一个条件,然而却与救助的又一原则相矛盾,即救助只需满足经济标准的无差别平等原则。

2.2.3 负激励和耻辱感的问题

由于救助采取经济调查的手段,产生的效应就是收入的增加会产生福利的减少,造成对贫困人口的负激励和贫困陷阱(福利依赖),不利于经济和社会融合。帝特马斯(Titmuss)很早就指出:"采取日标定位策略的福利政策,不可避免地会造成耻辱感问题。"②耻辱感的产生具有三方面的原因,第一是家计调查的程序;第二是受益资格的条件,如受益人必须定期到有关部门报到,必须参加必要的培训甚至接受劳动管理部门给他们介绍的"合适的工作",定期或不定期参加公益工作等等;第三就是领取福利这一事实的本身,即被贴上了"穷人"的标签。③

为了解决负激励问题,除了有些国家和地区采取时间限制的办法,主要的措施是将目标人群细分,以减少福利依赖和降低成本,即将接受救助者按年龄和有无劳动能力划分为若干类,并接受不同救助。按照这一发展趋势,把那些应受补偿的贫困对象,譬如老者、残疾者,从中分

---

① Ravallion, M. and Chen, S., "What Can New Survey Data Tell Us about Recent Changes in Distribution and Poverty?" *World Bank Economic Review*, 11(2), 1997, pp. 357-382.

② Richard Titmuss, *Commitment to Welfare*. London: Allen and Unwin Ltd., 1968, p. 142.

③ 参见尼尔·吉尔伯特(Neil Gilbert)编,郑秉文等译:《社会福利的目标定位——全球发展趋势与展望》,中国劳动社会保障出版社 2004 年版,第 16 页。

离出去,归属于非耻辱性类型的公共救助,而对剩余部分群体的救助项目的歧视性就愈加明显。这就与现代救助的去耻辱感相左。

耻辱感直接导致贫困者对救助政策的不利用(non-take-up)问题。一般来说,与社会政策紧密相关的三个因素影响着贫困者接受救助。除了信息渠道阻塞、复杂的规定和程序对潜在申请者造成障碍,不利用或低使用率(low take-up)实际上大都是由于耻辱烙印而产生的。虽然许多国家声称"应保尽保"或"全覆盖",但是仍然存在一个小于100%的捕捉率,其中的重要原因之一就在于此。在社会救助较为发达的西方国家,耻辱感已经越来越成为贫困者"漏网"的主要原因。英国社会救助的漏网率为15%—20%,德国的这一比例为40%—50%,[①]而日本在70年代中期时的比例约为75%。[②]负激励和耻辱感就体现了一个矛盾,即在追求救助制度效率的同时影响了救助效果。

2.2.4 责任主体和行政裁量

救助中的责任由中央和地方政府合作承担。以中央政府为主的集权化可以实现政府对国民生存权的保障责任,促使在全国范围内的相对公平。而以地方为主的分权化则更加体现因地制宜,具有更高的行政效率。三种类型可供选择,即主要由中央政府负责(包括行政和经费)、主要由地方政府负责和混合型[③]。在世界范围内,由于各国政治体制、经济发展、社会救助模式不同,中央政府与地方政府在贫困救助中的责任分担也不同,并无定式。如意大利的社会救助方案是,中央政

① 参见克里斯蒂娜·贝伦特(Christina Behrendt):"安全网有漏洞吗?社会保障与反贫困的比较分析";罗兰·西格(Roland Sigg)等著,华迎放等译:《地球村的社会保障——全球化和社会保障面临的挑战》,中国劳动社会保障出版社2004年版,第338页。

② 参见[日]副田义也:《生活保护的社会史》,东京大学出版社1994年版,第245页。

③ 参见孙健忠:《台湾社会救助制度的实施与建构之研究》,时英出版社2002年版,第38页。

府负责分类救助，而地方政府则是一般社会救助。日本生活保护制度对生活保护费、保护设施管理费、各项委托事务费以及保护设施的建筑费、设备费的负担上，中央财政和地方财政的分工都有明确规定，从比例上看，中央财政负担更多责任。

另一方面，基于个体需求的社会救助不同于其他社会保障项目，需要考虑贫困者的个体差异和特殊需求的满足。行政裁量十分必要和必需。然而裁量的合理限度却始终是个难题。正如肯尼思·卡尔普·戴维斯(Kenneth Culp Davis)所说："自由裁决是政府与法律上创新的主要源泉，自由裁决只有在正确使用之际才是辅佐的工具；或许在我们的法律体系中的不公正有十分之九是源自于自由裁决，而仅有十分之是源自于规章。"[①]《贝弗里奇报告》中关于救助情况下计算资源的所有权问题的观点是："关于各种不同资源的所有权，目前的办法是部分按照法令(statute)处理，部分按照规章(regulation)处理，而部分则按照行政裁量(administrative discretion)处理。"[②]

目前，责任主体和行政裁量恰当与否的唯一标准就是是否威胁到制度实施的公平性，然后决定是否重新界定各级政府间责任划分和行政裁量的增减。无论如何，责任划分制度化、规范化被证明是制度有效运行的必要环节。

---

① 参见孙健忠：《台湾社会救助制度的实施与建构之研究》，时英出版社2002年版，第35页。

② 贝弗里奇等著，劳动和社会保障部社会保险研究所翻译：《贝弗里奇报告——社会保险和相关服务》，中国劳动社会保障出版社2004年版，第211页。需要说明的是，中文译文将"regulation"翻译为"法案"，而将"administrative discretion"翻译为"行政规章"。

第三章 中国城市贫困救助政策的演进

中华人民共和国脱胎于一个封建、半封建与资本主义混合的、多元的经济社会，并经历了彻底的社会主义改造，最终形成了短期一元化社会。户籍及其附属制度的实施又将这种短暂的一元化社会分割为城乡二元构造。十年的“文化大革命”虽然未使中国“更朝异代”，但自1978年后，也让人们在反思历史的基础上，重新构建意识形态，并勾画中国未来走向。经济体制由计划经济到双轨经济和市场经济，社会结构由一元的公有制发展为多元所有制形式并存。近五十年来，中国在国际形势变化的背景下，社会体制、经济结构、城市贫困的状况等方面都经历了几次历史性的转折和变迁，救济政策在各个时期都有不同特点，政策/制度的定位、对象、项目、资金投入以及组织实施等方面也都随之发生了改变。

本书研究转型时期城市贫困救助问题，时间上的主要关注点虽然为从1978年至今，但转型前的救济体系无法与新中国成立后传统的城市贫困和救济政策相割裂。后续的研究，如总结、评价制度变迁发展的影响因素都无法离开新中国成立后至1978年的相关信息。因此，在本部分中，将回顾中华人民共和国成立以来城市贫困救济政策的发展历程、当时社会背景以及相关事件。

3.1 应急式救助阶段——1949年至1953年

3.1.1 背景

在中华人民共和国成立之初，国家面临着严峻的国际、国内形势，这成为摆在中国共产党和中国人民面前的一个严峻挑战。

在国际方面，分别以美国和苏联为首的两个阵营——西方资本主义阵营和社会主义阵营对中华人民共和国的态度截然不同。西方主要资本主义国家对中华人民共和国采取不承认和敌视的态度，采取了"扶蒋反共"政策，不仅拒绝并竭力阻挠其他国家承认中华人民共和国，还试图以经济、军事、政治等各方面的孤立、封锁和排斥来挟制新生的社会主义国家。而中华人民共和国的成立却得到了苏联和欧亚各人民民主国家的承认。但是，东欧社会主义国家大都刚刚成立人民民主政权，面临经济的恢复与重建，无力给中华人民共和国必要的援助。而苏联也基于政治上的考虑，对中国的援助有所保留。

相比国际上的严峻形势，国内环境更不乐观。在经济上，中华人民共和国继承的是帝国主义的掠夺、连年战乱和灾荒以及旧社会的腐朽统治遗留下的一个千疮百孔的烂摊子。经济形势一片混乱，通货膨胀，秩序混乱，生产萎缩，工厂倒闭，失业众多，民生困苦。同时为了维持新生政权的稳定，除了恢复生产的巨大资金需求，一方面对国民党残余力量和各地土匪的解放战争仍在进行，战争开支巨大，而另一方面对旧政府留下来的军政人员采取包下来的政策，也需要大量的财政支出。

在这样的背景下，社会上有数以千万计的人遭受着贫困、饥饿、瘟疫和死亡的威胁。在城市，流入的破产的农民、失业工人、无依无靠的老年人、孤儿、残疾人的生活极为悲惨。游民、乞丐、逃亡的地主、灾民难民,还有妓女、流氓、烟民等闲散人员充斥着整个社会,另有国民党数以百万计的散兵游勇遍及城乡。

3.1.2 贫困构成及状况

这一时期贫困人口主要由失业工人、灾民和其他旧体制遗留的闲散人员构成。

在城市存在的诸多社会问题中,失业问题最为严重。大规模失业是多方面的:首先,战争的破坏、国民党政府败退时的资源掠夺、轰炸以及帝国主义的经济封锁严重摧毁了原本并不发达的工商业;其次,中华人民共和国成立后,人民政府在对旧的社会经济结构进行改造和改组的过程中,一部分不适应社会需要的行业、工厂被取缔和关闭;第三,政府进行统一财经、稳定物价的同时也不可避免地产生负面影响,使部分私营工商户关门、歇业;第四,过快的城市化速度也加剧了城市人口与就业容量的矛盾。1949 年至 1952 年三年间,全国市镇人口从 5 765 万增加到 7 163 万,增加了 1 398 万,市镇人口占全国总人口的比重也从 10.6%上升到 12.5%,三年时间增加近 2 个百分点。以上原因使得中国 1949 年至 1952 年的失业问题异常严重。① 1949 年至 1952 年中国城镇失业人员分别达到 474.2 万、437.6 万、400.6 万和 376.6 万,1949 年和 1952 年的失业率分别为 23.65%和 13.2%。②

除此之外,当时全国吸食鸦片者约有 2 000 万人,占总人口的 4.4%,他们大部分生活困难。妓女数量尽管没有确切的统计数字,但

① 关于 1949 年至 1952 年中国城镇的失业情况,可参见程连升:《中国反失业政策研究——1950—2000》,社会科学文献出版社 2002 年版,第 63—68 页。

② 参见国家统计局社会统计司:《中国劳动工资统计资料(1948—1985)》,中国统计出版社 1987 年版,第 109 页。

在一些大城市妓女数与当地人口的比例在1∶150至1∶200之间。[①] 1953年内务部和中国人民救济总会召开城市社会救济工作会议统计，全国收容改造妓女、乞丐、小偷、游民等44.8万人。[②] 另外，中华人民共和国成立之初，中国就遭受了遍及长江、淮河、汉水、海河流域16省区的特大洪水灾害，形成了数目庞大的灾害性弱势群体，1949年的统计数字是大约4 000万；[③]残老儿童等生理性弱势群体约11万；[④]还有数以百万计的从农村流入城市的难民、灾民和贫民。

对以上数字进行粗略计算可得，就1949年而言，各种潜在救济对象的人数约占当时人口16％以上，构成了对社会秩序的极大威胁和严峻挑战，也对新政权提出了艰巨的救济课题。中国在政治、社会和文化方面都需要一次彻底的整合过程。

3.1.3 应急式救助政策

1949年11月，中央人民政府成立了内务部，由中央人民政府政务院领导。内务部下设的社会司主管社会福利、游民改造、禁烟禁毒、社会救济、移民等社会事务。贫困救助的相关工作开始成为政府有组织的日常工作。

1950年4月，中央人民政府召开了中国人民救济代表会议，讨论建立社会救济制度、采取何种救济方法等问题。会议确立的工作方针是：在人民政府领导下，以人民自救资助为基础，展开人民大众的救济福利事业。[⑤] 5月，内务部在北京召开了全国城市救济福利工作会议，

---

① 参见马维纲：《禁娼禁毒》，警官教育出版社1993年版，第7页。

② 参见孟昭华等：《中国民政思想史》，中国社会出版社2000年版，第596页。

③ 参见财政科学研究所编：《十年来财政资料汇编》第1辑，财政出版社1959年版，第60页。

④ 参见孟昭华、王明寰：《中国民政史稿》，黑龙江人民出版社1986年版，第292页。

⑤ 参见时正新：《中国社会救助研究》，中国社会科学出版社2002年版，第40页。

会议主要讨论了团结改造旧救济福利团体、扩大救济福利事业的反帝爱国统一战线问题。

为了应对严重的城市失业问题,政务院于1950年6月17日颁布了《关于救济失业工人的指示》,决定:第一,拨出四亿斤粮食作为救济失业工人的基金;第二,凡举办救济失业工人事业的地区,所有国营、私营的工商业企业人员以及所有在业工人和职员,均按月缴纳一定的(1%)失业救济金,基于上述拨款和缴费及各界自愿捐助的救济金,成立了失业救济基金;第三,救济方法以以工代赈为主,首先为国家需建设的工程及市政事业如修堤、植树、修理码头等工作,以生产自救、转业训练、还乡生产、拨给救济金等为补助办法,利用救济金减轻失业工人的生活困难,又有益于市政建设;第四,在当时失业现象最严重的上海、南京、武汉、重庆、广州五市组织救济失业工人委员会和失业工人救济处,向中央政府申请失业救济金,各企业在扩大经营范围及创立新工厂企业时,应优先录用本企业原来解雇的工人和职员。① 当时救济失业人员的基本理念是:"推行积极的失业救济,救济失业与促进就业相结合",即救济与安置相结合,其实质就是"救急不救穷"的救济理念。这一理念也体现在政务院1950年6月颁布的《救济失业工人暂行办法》第一条规定中,即在以后的各种救灾救济指示中反复强调对救济对象"单靠救济是不能解决问题的,而主要靠领导和组织生产自救"②。

鉴于当时城市中大量存在各种与社会主义社会意识形态不相容的闲散人员,如小偷、打手、妓女等,严重威胁社会治安。中央政府采取了"改造、救济、安置相结合"的政策和措施,以处理诸多社会矛盾。除依

① 参见"建国初期社会救济文献选载",《党的文献》2000年第4期,第17页;张家敏:《建国以来(1949—1997)》,香港政策研究所1997年出版,第54页。

② "救济失业工人暂行办法",《人民日报》1949年11月10日。

法惩处外,成立了专门的生产教养院和新人习艺所,通过对他们进行教育和劳动改造,使他们改变寄生思想并学会谋生技能,即对那些部分尚可从事轻劳动者,采取组织生产、补助生活的办法;对于有劳动能力的游民乞丐,则应强迫劳动,条件可能时集中收容,劳动改造。[①] 对于失业工人、知识分子和个体经营者,采取实物救济、以工代赈和转业培训等办法,进行救济和安置。

截止到1953年年底,全国共有生产教养院920所,收容妓女、乞丐、小偷、游民共44.6万人,城市中受到救济的人近150万,96个城市里组织起来进行生产自救的达22万多人。[②] 有的城市享受社会救济的人占城市总人口的20%,有的甚至高达40%。[③]

3.1.4 小结

1949—1953年这段时期,中华人民共和国面临着复杂的国际、国内形势,在政治、经济、军事以及社会问题上遇到巨大的历史考验。新政权的主要任务是在医治战争创伤的基础上,维护社会稳定并努力恢复生产。在财政困难的客观条件下,面对结构复杂、数量庞大的城市贫困救济对象,当局尊重不同对象的需求差异,按照因类、因人而异的原则,动员多种基金来源渠道。除现金救济外,采取了实物救济、教育、培训、以工代赈等多种救济形式。救助的理念被定位为:在人民当家做主人的条件下体现社会主义的优越性。

这一时期中央政府的贫困救助,对于医治战争创伤、巩固新政府政

---

① 参见1952年《中央人民政府政务院关于劳动就业问题的决定》。

② 《中华人民共和国民政部大事记(1949—1986)》,中国社会出版社2004年版,第44页。

③ 参见时正新主编:《中国社会救助体系研究》,中国社会科学出版社2002年版,第40页。

权以及为将来“争取国家财政经济状况的根本好转,恢复国民经济”[①]不可或缺。然而,这一时期的贫困救助是应急式的、非制度化的政策。表现在:首先,城市贫困救助工作政策是以文件和行政指令的形式贯彻的,救助多以中央的“指示”、“精神”为依据,多为临时性救助,救助办法、标准尚未制度化。其次,贫困救助对象被认为是暂时的。“失业工人”作为救助对象的主体,被认为是国民党政府腐朽统治的结果,不是社会主义社会的常态,社会主义不存在失业。而那些社会闲散人员经过改造和救助也将重新回归社会,成为社会主义大家庭中的一员。而灾民的救助虽然是政府的长期工作,但对于他们的救助只是在“不许饿死人”的口号下,将救灾工作作为一项政治任务。[②] 第三,这一时期对贫困救助政策的资金来源并未给予明确规定。

3.2 稳定发展阶段——1953年至1958年

3.2.1 背景

20世纪50年代与20世纪八九十年代具有相似的时代特征,即都是经济体制的过渡时期。只不过前者是从旧中国的畸形市场经济经历新民主主义这个过渡阶段而走向社会主义计划经济时期。经过几年的国民经济恢复,1953年中央政府开始酝酿“一五”计划的拟订和实施。

“一五”计划确定的基本任务是:集中力量进行以苏联帮助中国设计的156个建设单位为中心、由限额以上的694个单位组成的工业建

---

① 毛泽东:“为争取国家财政经济状况的基本好转而斗争”,1950年6月6日,载《毛泽东选集》第五卷,人民出版社1977年版,第15页。

② 参见《中华人民共和国民政事业大事记(1949—1986)》,中国社会出版社2004年版,第3页。

设，以建立中国的社会主义工业化的初步基础。优先发展重工业的战略也随之确立。社会主义是建立在全民所有制基础之上的，为了增强中央计划、组织、协调的控制力以及实现“一五”设定的目标，中央在致力于产业结构调整和国民经济建设的同时，开始进入了对资本主义工商业、私营经济、个体手工业等的社会主义改造。国民经济结构、社会结构发生了巨大的变化（参见表 3－1）。社会主义改造后的中国，全民所有制经济和集体所有制经济在各行各业，尤其是关系国计民生的重要领域占有绝对的控制地位。中央政府的资源控制能力因此空前加强，为“一五”计划时期经济的迅速发展奠定了组织和物质基础。

表 3－1　1953—1957 年四项经济指标公私比重

（单位：%）

<table>
<tr><th rowspan="2">经济指标
经济类型</th><th colspan="2">国民收入</th><th colspan="2">全国工业总产值</th><th colspan="2">企业数</th><th colspan="2">职工数</th></tr>
<tr><th>1952 年</th><th>1957 年</th><th>1952 年</th><th>1957 年</th><th>1952 年</th><th>1957 年</th><th>1952 年</th><th>1957 年</th></tr>
<tr><td>国营经济</td><td>19.1</td><td>33.2</td><td>41.5</td><td>53.8</td><td>6.37</td><td>32.82</td><td>52.84</td><td>65.73</td></tr>
<tr><td>合作社经济</td><td>1.5</td><td>56.4</td><td>3.3</td><td>19.0</td><td>3.68</td><td>14.43</td><td>3.38</td><td>3.79</td></tr>
<tr><td>公私合营经济</td><td>0.7</td><td>7.6</td><td>4.0</td><td>26.4</td><td>0.60</td><td>51.04</td><td>4.71</td><td>30.31</td></tr>
<tr><td>资本主义经济</td><td>6.9</td><td>—</td><td>30.7</td><td>0.05</td><td rowspan="2">89.35</td><td rowspan="2">1.71</td><td rowspan="2">39.07</td><td rowspan="2">0.16</td></tr>
<tr><td>个体经济</td><td>71.8</td><td>2.8</td><td>20.5</td><td>0.8</td></tr>
<tr><td>总计</td><td>100</td><td>100</td><td>100</td><td>100</td><td>100</td><td>100</td><td>100</td><td>100</td></tr>
</table>

资料来源：中国科学院经济研究所、国家工商行政管理局《中华人民共和国私营工商业社会主义改造统计提要（1949—1957）》，1958 年 10 月。

在这一时期除了着手所有制经济的社会主义改造，政府还建立和完善了与计划经济体制相适应的经济和社会政策。实际上，以粮食统购统销的经济政策以及充分就业和单位福利的社会政策为代表的城市偏好政策开始形成。首先,城市居民开始享受相对宽松的粮食供应政策和以牺牲农民利益为代价的"剪刀差"价格体系,为工业积累和工资水平的提高打下了基础。第二,劳动就业体制的统包统配意味着国家对城市居民充分就业的保障。1953 年之后,国家机关和国营企业及公私合营企业的劳动管理权限完全集中到中央,统一分配取代了自行就业、自谋出路的政策。到 1956 年年底,国家不仅包下了国营企业、公私合营企业的职工,而且包下了大中专、技校学生、城市转业军人的就业。虽然就业保障承诺并未形成任何一个具体的制度性的保障项目,但是却在就业政策实施过程中表现出来。① 第三,在充分就业基础上,国家一单位社会保障制在中国城市初步建立。② 事实上,早在 1951 年,政务院就颁布了《中华人民共和国劳动保险条例》,1953 年、1956 年两次修订后,随着社会主义改造的基本完成和全民所有制经济的确立,适用于中国城镇职工的劳动保险条例全面确立。其实施范围包括除城镇机关、事业单位之外的所有企业和职工。1952 年和 1955 年分别颁布的《关于全国各级人民政府、党派、团体及所属事业单位的国家工作人员实行公费医疗的指示》和《关于国家机关工作人员退休处理暂行办法》等多个关于国家机关、事业单位职工退休、退职的规定、办法。至此,较为完善的社会保障安全网初步建立,伴随着国民经济的复苏,城市居民落入贫困的可能性进一步降低。

随着城市的扩张和基本建设规模的扩大,政府和企业每年从农村

---

① 参见朱玲:"计划经济下的社会保护评析",《中国社会科学》1998 年第 5 期,第 28 页。

② "国家一单位保障制"是郑功成对中国计划经济时期社会保障制度的总结和概括,是指以国家(通过中央政府)为主要责任主体、城乡单位担负共同责任并一起组织实施的社会保障制度。参见郑功成等著:《中国社会保障制度的变迁与评估》,中国人民大学出版社 2002 年版,第 5 页。

招收临时工超过 200 万人次。[①] 另外,由于城市生活的吸引力和农业生产力的下降,大批农民涌入城市寻找工作,城市地区面临巨大的就业压力。根据韩俊的研究,来自于农村的社会增加的比例高达总量的 60.7%。[②] 除此以外,还有城市人口的自然增长。这些现象的结果是,城市化进程在这一时期大大加快。全国城市数量从新中国成立前夕的 86 个增加到 1957 年的 176 个,城市非农业人口占总人口的比重上升到 8.4%。城市人口比 1952 年增加了 2 796 万,为 9 949 万。1952—1957 年间,城镇人口的年增加率达到了 6.8%。城市人口比重相应提高到 15.4%(见表 3-2)。

表 3-2 1952—1957 年城市人口变动情况

(单位:万人)

年份	总人口数	城镇人口数	城镇人口增加数	城镇人口比例
1952 年	57 482	7 163	531	12.5
1953 年	58 796	7 826	663	13.3
1954 年	60 266	8 249	423	13.7
1955 年	61 456	8 285	36	13.5
1956 年	62 828	9 185	900	14.6
1957 年	64 653	9 949	764	15.4

资料来源:《中国统计年鉴(1987)》。

从劳动力供给的角度,可以分为三个部分。第一部分,按照上文的比例,可以推算出这一期间从农村迁入城市的人口约有 2 500 万左右。

① 参见时任劳动部部长的马文瑞在 1957 年 12 月 14 日《人民日报》的文章。

② 参见韩俊.《跨世纪的难题》,山西经济出版社 1994 年版,124 页。

第二部分,城镇每年增加的400万以上的新增就业人口。第三部分是从旧中国继承下来的失业人口,到1957年仍然有200.4万人等待安置。①

然而,资本密集型的重工业发展战略大大限制了劳动力的就业容量,城市就业压力极大。为了缓解城市就业压力,政府采取了“堵”、“放”和“三个人的饭五个人吃”的政策。“堵”是指劝止并限制农民流入城市。1952年起,政务院多次在相关文件中规定,各单位未经劳动部门许可或介绍,不得擅自到农村招收工人。1953年4月,政务院发布《关于劝止农民盲目流入城市的指示》,是否具有城镇户口成了能否在城镇就业的标准。“放”是指这一时期开始推行干部“下放”和第一次轰轰烈烈的“上山下乡”运动。② 城市人口“倒流”入农村,成为人类历史上少有的逆向大迁徙。“三个人的饭五个人吃”是政府就业政策的原则。这也为机构臃肿、人浮于事和隐性失业埋下了伏笔。

中国“一五”时期在经济、社会以及经济战略上遇到了一些困难,也存在一定问题,但仍然取得了良好的发展成绩。1952—1957年,社会总产值增长67.84%。1957年城镇居民人均现金收入达到254元,比1952年增长62.8%,扣除物价因素,实际增长48.5%,平均年递增8.2%。③城市重工业的基础得以建立,基础设施建设(如交通、邮电等)

---

① 参见马洪、孙尚清主编:《现代中国经济大事典》第2卷,中国财政经济出版社1993年版,第1073页。

② 1956年实行干部“下放”政策之后,又在1957年的夏季和秋季下放了81万名城市机关干部。为了进一步缓和就业压力,不仅城市的中小学毕业生被号召“下乡上山”去参加农业生产,甚至号召城市妇女回到家庭,专门从事家务劳动,而军官们的随军家属也被命令回到农村。参见1957年11月16日、1957年11月27日和1957年12月14日的《人民日报》。

③ 数据来源:国家统计局提供。

事业有较大发展。

3.2.2 贫困救助政策

在这一时期，政府对那些不幸落入贫困的城市人口的救济工作逐步走向制度化。

1954 年 11 月，第三次全国城市社会救济工作会议确定了“生产自救[①]，群众互助，并辅之以政府的必要救济”的城市救济工作方针。随着城乡集体力量在救济工作中的作用日益强大，社会救济的方针后来修改为“依靠集体，群众互助，生产自救，辅之以政府的必要救济”。根据这一方针，中国在这一时期社会救济的管理体制上，确立了国家保障与单位（集体）保障相结合，以单位（集体）保障为主，国家救济为辅的救济模式。也就是说，城市中的单位不仅提供就业和与就业关联的保障制度，也有责任提供对困难职工的帮助。生产自救主要是依靠基层，依靠个人，广开门路，自行因陋就简地安排生产。依靠群众和社会力量来解决生活困难，仍不能解决的生活困难，再由政府给以必要的救济，以确保基本生活。实际上，这种救济模式是将救济与就业挂钩，国家只负责对少数没有单位或集体的、无依无靠的社会人员的救济。

对于城市贫困病人医疗费减免问题，在 1954 年 2 月发出的《关于民政部门与各有关部门的业务划分问题的通知》中规定，民政部门在社会福利支出中酌情予以补助。除此之外，这一时期政府继续贯彻官方主导社会救济的思路，将救济权力慢慢收归官方，限制并逐渐消解了社

① 按照《中国社会保障制度总览》的解释，城市生产自救也称为城市生活自救，是城市社会救济工作的中心环节，是由民政部门组织城市中无依无靠的、无固定收入的、有劳动能力但生活有困难的人进行多种生产活动、抗灾救灾和灾后生产自救活动，中国民主法制出版社 1995 年版，第 936 页。

会救济中的民间因素的作用。①

从救济对象来看,部分先期救济对象已经得到了妥善安置,如游民、妓女等。城市社会救济的经常对象包括:城市中无依无靠、无生活来源的孤老残幼和无固定职业、无固定收入的贫困户。同时,也注意在社会主义改造过程中不利于国计民生的行业被淘汰后失业人员的生活困难,对无固定职业或无固定收入的零散人员的救济,如改造过程中的地主、游民及年老体弱、不能维持基本生活的小摊贩、个体劳动者和人力车工人以及有生活困难而无亲可靠的归国华侨等,在必要时给予临时救济。

1954 年,政务院发出的《关于民政部门与各有关部门的业务划分问题的通知》中明确了城市贫苦病人的医疗费减免问题由民政部门在社会福利支出中酌予补助。1955 年 1 月,内务部发出《关于加强轻灾区、非灾区和城市的救济工作的通知》,指出了相比重灾区的救济工作,对轻灾区、非灾区以及城市地区救济工作注意不够的情况。同时要求各地高度重视和加强社会救济工作。同年 4 月,内务部、财政部联合发出了《颁发优抚、社会救济事业费管理使用办法》的通知。救济经费的财务管理开始规范化。在 1955 年 5 月内务部的机构调整中,组建了城市救济司作为专门针对城市居民的救济部门。1956 年 5 月,内务部、劳动部联合发出《关于失业工人救济工作由民政部门接管的联合通知》,将原来劳动部门所管理的失业工人和失业知识分子的救济工作移交民政部门管理。

① 当时的意识形态认为,西方传教士在中国举办的慈善事业是伪善的和伤害中国人民感情的。早在 1950 年年底,在《中央人民政务院关于处理接受美国津贴的文化教育救济机关及宗教团体的方针的决定》中,就明确了官方救济的原则。参见中共中央文献研究室编:《建国以来重要文献选编》,中央文献出版社 1991 年版,第 510 页。

在救济标准方面，1953 年，内务部针对各地在发放救济款时没有统一标准、数额把握不准的情况，制定了全国按城市规模来确定不同城市救济标准。这一标准的具体内容是：以户为单位，按人口递增。大城市每户每月一般不超过 5 元至 12 元；中小城市每月每户不超过 3 元至 9 元。有些物价与群众生活水平低的大城市和物价与生活水平高的小城市，人口特别多而劳动力特别少的救济户可按实际情况确定。这一发放办法在实施过程中导致各地机械地按照城市大小划分救济标准。1956 年内务部发出了《关于调整城市困难户救济标准的通知》，不再统一规定救济标准，提出了以能够维持贫困居民基本生活来救济城市困难户的基本原则。在各地实践中，一般考虑困难户的实际需要和国家财力，划分几种不同救济类型，按类别确定救济标准。如对孤老残幼的救济高于一般困难户；对长期患病和临时困难户根据实际适当加以照顾；对贫困的老年知识分子以及政府认为需要给予特殊照顾的，救济标准略高于一般困难户，对国民党军政人员家属、被俘释放人员、罪犯家属等，需要救济时与一般困难户同样对待。对孤老残幼中自愿参加力所能及劳动的，不降低其原来的救济标准，使其生活因从事劳动而改善。对其他参加生产的困难户，当其收入多于参加生产前时，逐步减发救济款。①

3.2.3 小结

1953 年至 1957 年，是新中国成立以来中国经济建设的第一个“黄金时代”。社会主义计划经济体制初步建立，与之相适应的经济和社会制度也逐步确立。在经过了几年的应急式的救助后，城市贫困救助工

---

① 参见时正新：《中国社会救助体系研究》，中国社会科学出版社 2002 年版，第 41、42 页。

作也开始逐步走向稳定发展阶段:非灾区的、常规化的城市贫困救助得到了重视,对城市居民部分贫困人口的救助开始经常化、长期化;进一步明确了城市贫困救助的指导方针,确立了国家保障与单位(集体)保障相结合,以单位(集体)保障为主、国家救济为辅的救济模式;城市贫困救助的管理部门及其职能更加明确;救助经费使用开始规范化;救助标准虽然有波动,其确定办法也千差万别,但也已有据可循。至此,与国家—单位保障制相适应的中国城市贫困救助制度的雏形已基本形成,并走向稳定和发展。

3.3 波折阶段——1958 年至 1978 年

3.3.1 背景

"一五"计划时期结束后,总体经济形势与新中国成立初期相比有了很大的发展。"三大改造"[①]的完成使以全民所有制为主导的公有经济建立起来,并控制了国民经济的命脉。在城市,充分就业原则下的国家—单位社会保障体制已经形成,国家、单位在贫困救助中的角色已经基本定型。经济、社会发展也出现了新中国成立以来空前良好的势头。然而,新生的社会主义国家又很快遭遇来自国际、国内政治经济环境的严峻考验。

到 1962 年,中国陷入一个自新中国成立以来最艰难的困境。人口在 1960 年和 1961 年首次出现负增长,1960 年年底比 1959 年年底减少人口1 000 万,1961 年年底又比 1960 年年底减少 348 万。[②] 虽然城

---

① 即对农业、手工业和资本主义工商业生产资料私有制的社会主义改造,"三大改造"于 1957 年基本完成。

② 参见袁永熙主编:《中国人口(总论)》,中国财政经济出版社 1991 年版,第 84 页。

市的情况远好于农村，但城市人口消费率的下降幅度比农村更大。1961 年至 1963 年，城市得到救济的人口数分别为 51.7 万人次、266.8 万人次和 322.5 万人次。[①] 1963 年，救济经费和福利费支出占财政支出的比重也达到空前的 0.84%。

在以上种种因素的共同作用下，1958 年至 1962 年"二五"计划期间，国民经济发展缓慢。经济总量年平均仅增长 0.65%，且波动极大。在此期间，虽然工业总产值有了一定的增长，但是国民收入下降了 14.5 个百分点，农业总产值下降了 19.9 个百分点。全民所有制职工平均工资下降了 5.4%。[②] 一些调查显示，职工的实际生活水平下降了 30%。[③]

鉴于当时国民经济、社会的形势，1960 年中央提出了"调整、巩固、充实、提高"的战略发展方针。[④] "调整"的过程中，停止、关闭的工业企业比例达到 38%。同时，对保留的企业进行整顿。为了压缩"大跃进"中膨胀的城市人口，缓解就业压力，从 1961 年起，中央开始进行对城市职工和人口的精简。到 1961 年，全国共精简职工 1 800 多万人、城镇人口 2 600 万人。[⑤]

---

① 参见多吉才让：《中国最低生活保障制度研究与实践》，人民出版社 2001 年版，第 56—57 页。.

② 以上数据由国家统计局（官方网站）提供。

③ 参见张家敏：《建国以来（1949—1997）》，香港政策研究所 1997 年版，第 335 页。

④ 被称为"八字方针"，即调整国民经济各部门的比例关系，主要是农轻重、工业内部、生产与基建、积累与消费等比例关系；巩固已经取得的经济建设成果；充实那些以工业品为原料的轻工业和手工业品的生产，发展塑料、化纤等新兴工业；提高产品质量，改善企业管理，提高劳动生产率。

⑤ 参见中央电视台："纪念中国共产党成立 80 周年特别专题——'调整、巩固、充实、提高'八字方针和三年调整"，http://www.cctv.com/specials/80zhounian/sanji/bj0627_2.html。

经过1962年至1965年的三年调整,国民经济状况有所好转。然而1966年"文化大革命"开始了。全国城市由1957年的176个增加到1961年的208个;城市人口由5 412万增长到6 906万,增长了28%;城市非农业人口所占比重由8.4%上升到10.5%。从1962年开始,陆续撤销了一大批城市,到1965年底只剩下168个,比1961年减少了40个。这个时期,由于城市社会经济出现萎缩,致使城市人口出现负增长,城市化水平也由1961年的10.5%减少到1965年的9.2%。1966—1978年期间,是城市化发展的低迷徘徊期。整整十三年间,城市只增加25个,城市非农业人口长期停滞在6 000万—7 000万人左右,城市化水平在8.5%上下徘徊。①

20世纪60年代末,中国城市就业问题又一次变得十分严峻。1968年至1975年开展了持续7年之久的城镇知识青年"上山下乡"运动,也是解决城市失业问题,并将城市失业压力向农村疏散的一个重要安排,是历史上继50年代后又一次具有重大影响的人口大迁移,历经近二十年。从1968年至1980年,累计下乡的知青人数近1 800万人,而截止到1980年累计返城近1 700万人,返城率达到93.6%。② 这一次的迁移同样无法离开城市就业压力。

1976—1978年,中国政治、经济和社会处于全面的调整、过渡和修复时期。1969年后基本陷入停顿的城市贫困救济也随着1978年民政部的成立开始恢复。

3.3.2 贫困救助政策

为缓和城镇人口的就业压力与城市经济发展状况的矛盾,在"八字

① 参见国家统计局官方网站:"新中国50年系列分析报告之三——城市化进程稳中趋快",http://www.stats.gov.cn/tjfx/ztfx/xzgwsnxlfxbg/t20020605_21420.htm。

② 参见潘鸣啸:"上山下乡运动再评价",《社会学研究》2005年第5期,第154—181页。

方针”的指导下，从1961年起，中央统一部署大力精简职工，减少城镇人口的同时鼓励发展农业。到1963年6月，全国共精简职工1 800多万人、城镇人口2 600多万人。在这种情况下，社会救济的对象和内容也有所调整。1962年至1965年，国务院先后颁布下发了《关于精简职工安置办法的若干规定》、《关于精简退职的老职工生活困难救济问题的通知》、《国务院批转内务部关于当前城市社会救济工作的报告》，这些政策文件规定：对1961年1月1日到1965年6月9日期间精简退职的，1957年年底之前参加工作的国营、公私合营、事业单位和国家机关、人民团体、民主党派、军事系统而无军籍的职工中，全部或大部分丧失劳动能力，或者患病影响劳动较大的，家庭生活无依无靠的职工，实行按原标准工资40%进行救济的政策，并给报销本人医疗费的2/3。对于不符合享受原标准工资40%救济而生活确实困难的，尽可能安排他们参加生产自救，生活仍有困难的，给予定期或临时社会救济，使他们生活不低于当地一般居民。据不完全统计，截至1965年底，全国有4.66万精简退职职工享受了原标准工资40%的救济。[①]

“文化大革命”期间，相应的贫困救济工作也同国家的政治、经济、文化一样受到了严重的破坏，缺乏统一管理和规划，救济工作甚至出现停顿。社会救济被当做修正主义遭到批判，被看成是“走资本主义道路的当权派”赢得工人忠心的一种贿赂方式，把帮助贫困户发展副业当做资本主义的“尾巴”割掉，把用公益金补助贫困户当做“剥削”进行谴责，以自力更生取而代之。1969年作为民政工作的主管部

① 参见时正新：《中国社会救助体系研究》，中国社会科学出版社2002年版，第43—44页。

门——内务部被撤销,工作人员被遣散,社会救济被看做是给社会主义"抹黑"受到削弱。除了按照原有救济名册发放救济金外,其他工作基本处于停顿、瘫痪状态,有些地方甚至停发了救济款。[①] 从1969年至1976年"文化大革命"结束期间,城市贫困救助政策处于无所适从的状态。1978年以来,由于整个社会经济的拨乱反正,各项社会工作虽然逐步恢复,但是贫困救助一直处于没有行政主管部门的状态,政策修复的进展亦不大。

3.3.3 小结

自新中国成立以来至1978年,中国社会救济总体上经历了应急式救济阶段、稳定发展阶段、波折发展阶段。中国城市经济状况、经济政策、社会政策都深刻地影响着城市居民的生活。从1958年至1978年期间的二十年中,中国的经济社会进入了计划经济体制下波折的发展阶段:1958—1962年、1963—1965年、1966—1976年、1976—1978年。经济、社会形势的变化构成了城市居民生活状况及社会救助政策变化的重要历史背景。贫困救助政策就如同整个社会发展状况一样波折起伏。在救助对象、救助标准、救助机构等方面的扩与缩、增与减、立与撤都表现了政策变动的波折性。

3.4 修补阶段——1978年至1993年

3.4.1 背景

经过了十年的"文化大革命",社会秩序遭到破坏,经济发展几近停

① 参见时正新:《中国社会救助体系研究》,中国社会科学出版社2002年版,第45页。

滞，甚至倒退，人民生活受到极大影响。[①] 如何尽快恢复面临崩溃边缘的经济，改善人民的生活状况？中国城市面临的难题除了经济的恢复和发展，还有社会问题。

在20世纪70年代末至80年代初，中国城市面临着严峻的就业压力。原因之一是，新中国成立以后，尤其是60年代的高出生率决定了当时的劳动力市场人满为患。原因之二是曾经为了缓解城市就业问题而转移的“上山下乡”知青在政策放松后陆续返回城市。在1978年至1980年，下放的城市知青仅为24万人，而在短短两年中返城的则高达670万人。截止到1980年，下放的1 600多万城市知青中，约94%都已返城。原因之三是，“文革”期间到城市工作并转为城市户口的农村人口达到800万人。另外，还有按照顶替制度，在70年代末退休人员，允许他们的一个农村子女顶替他们。[②] 由于以上几个原因，中国城市再次经历了失业高峰。

与此同时，自“文化大革命”结束后，尤其是1978年以后，中国经历了从意识形态、发展战略到日常生活的各个领域的转折。“拨乱反正”，纠正了否定商品生产和交换的错误观点，开始重新肯定社会主义必须大力发展商品生产和商品交换，重视价值规律的作用；重新强调按劳分配和物质利益原则。以市场为取向的国有企业改革和就业体制的变革是这一时期意识形态和发展思路转变的重要体现。

十一届三中全会以权威的形式确定了改革开放的方针，并开始扩大

---

① 1978年，城镇居民人均可支配收入343元，比1957年增长35.4%，扣除物价上升因素，21年里城镇居民收入水平实际增长18.5%，平均每年递增仅0.8%。参见国家统计局官方网站：“新中国50周年系列分析报告之十七——城镇居民从贫困走向小康”，1999年9月28日，http://www.stats.gov.cn/tjfx/ztfx/xzgwsnxlfxbg/t20020605_21434.htm。

② 参见国务院：《中华人民共和国国务院公报》，1982年2月10日，第885—886页。

国有企业自主权——放权让利,调动企业和职工的积极性。20 世纪 80 年代初开始探讨经济体制改革的基本方向。1984 年中国共产党十二届三中全会通过了关于经济体制改革的决定,1986 年《中华人民共和国企业破产法(试行)》的出台,意味着任何企业都不是长生不死的,都必须面临市场竞争,并可能走向破产。同时,从允许到积极鼓励城镇集体经济和个体经济的发展,鼓励劳动者多渠道就业和自谋职业。三资企业也为中国注入了市场经济的新因素。这都标志着中国改革总体思路的一次重大突破。1986 年 7 月,国务院颁布了改革劳动制度的四个规定:《国营企业实行劳动合同制暂行规定》、《国营企业招用工人暂行规定》、《国营企业辞退违纪职工暂行规定》、《国营企业待业保险暂行规定》。国家改变了计划经济体制下统包统配的就业制度,逐步过渡为市场经济条件下的市场就业,打破了城镇自新中国成立以来计划经济体制下的"铁饭碗"制度,实行国家促进就业、市场调节就业和劳动者自主择业的市场就业新机制。

面对严峻的就业形势以及新的发展战略,中国从此时开始,无法沿用以前向农村转移的解决就业的渠道,也不能再利用搞"政治运动"的形式扩大就业。虽然政府当时的宣传口号是"广开门路,三扇门(国家、集体、个体)就业",但在转型的初期中国还是基本上沿用由国家安排就业的"单位化"措施。[①] 这也为后来的国有企业改革积累了内在矛盾。

自 20 世纪 80 年代后期开始,城市贫困就随着市场化取向的经济体制、用工制度改革而出现了。经济体制的转轨,城镇中市场竞争从无到有且日渐激烈,失败者往往沦为贫困群体。在计划经济时代,基本上是短缺经济,国有企业只是按照中央计划进行组织生产,而城市居民拥

---

① 参见程连升:《中国反失业政策研究(1950—2000)》,社会科学文献出版社 2002 年版,第 252、253 页。

有就业保障，国有企业没有破产、职工没有失业和下岗之说，市场竞争只在极小范围的非全民所有制企业零星存在。改革开放和经济体制改革以来，优胜劣汰逐渐成为游戏规则。市场竞争机制、分配体制改革、产业结构调整必然使一部分人因为生理条件、自然条件、社会条件和工作环境的限制成为收入水平低下的社会脆弱群体，他们大多伴生于经济体制转轨和社会结构转型，并因此处于暂时或长期贫困的生活状态。与此同时，随着工业化、市场化进程的加快，在面临着更多的社会风险（如失业、疾病、长寿等）的同时，越来越多的城市居民被抛在社会保障制度之外。一种情况是，传统的社会保障制度是典型的就业关联型社会保障（主要指社会保险和职业福利），覆盖范围仅限为全民所有制企业、机关和事业单位，就业压力的增加和其他所有制的发展使得更多城市居民在其他类型单位就业。风险加大与社会保障制度改革滞后导致城市居民更加容易陷入贫困。另一种情况是，企业因为市场竞争力问题和负担过重等原因陷入困境或破产后会影响职工的保障水平。这两方面是导致出现城市“新贫困”的主要和直接原因。

另外一个因素也不能忽视，就是分配政策的转变导致收入差距加大，而不平等早已被证明与贫困是一对“孪生姐妹”。1986 年，邓小平就发表了新的社会主义贫困观，即“先富与后富”的思想，并认为“平均发展是不可能实现共同富裕的”。这在实践中，一方面，初次分配强调效率原则，资本、能力等生产要素也开始参与分配，且份额处于逐步强势的地位，而劳动（相对于资本）处于递减的弱势地位。在城镇就业者逐年上升的情况下，城镇劳动者工资总额占 GDP 的比例却持续下降，从 1980 年的 17.10%一度下降到 1998 年的 12.01%。而另一方面，在再分配领域对高收入阶层缺乏基本的调节和监控手段，致使高收入群体的逃税、避税行为极为普遍，从而出现了富人阶层纳税额低于工薪阶层纳税额的状况。2001 年,不足 20%的富人占有 80%的社会存款,而他们在个人所得税缴纳中所占的比例还不到 10%。[①]

3.4.2 贫困救助政策

"文化大革命"以后,各项社会政策开始陆续恢复、修复和落实。1978 年 3 月,国家设立了民政部,下设城市社会福利司作为主管城市贫困救助工作的部门。至此,城市贫困救助政策开始了一个新的阶段,即修补阶段。虽然救济工作的方针仍然没有改变:"依靠基层,生产自救,群众互济,辅之政府必要的救济",但是这一时期的社会救济表现出了一些新的特点。

首先,增加对一些特殊对象的救济。1978 年十一届三中全会以后,为纠正"左"倾思想影响,认真平反冤、假、错案,处理了一些历史遗留问题,中央、国务院以及各部门也在不同时期不同的文件中规定了一些特殊救助对象。其中包括:第一,生活无着落的"摘帽右派";第二,生活困难的冤、假、错案改正人员;第三,生活无着落的文艺界知识分子;第四,生活困难的宽释的原国民党县团级以上人员;第五,生活困难的宽释的原国民党县团级以下的党政军特人员;第六,释放的托派头子;第七,生活困难的国民党起义投诚人员;第八,社教中因错划地富成分而造成生活困难的人员;第九,平反释放后无家可归人员;第十,生活困难的解除劳教人员;第十一,生活困难的刑事犯罪分子家属;第十二,生活困难的散居归国华侨;第十三,生活困难的老归侨人员;第十四,生活无着落的刑满释放归国华侨;第十五,生活困难的外侨;第十六,生活困难的工商业者的遗属;第十七,生活困难的外逃归国人员;第十八,生活无着落的

① 参见于秀丽、姚建平:"中国转型期城镇贫困与完善社会救助制度",《长江论坛》2005 年第 5 期,第 46 页。

丧失劳动能力的大学毕业生；第十九，生活困难的由公安部门组织的劳改就业人员；第二十，计划生育工作中因医疗事故而造成困难的人；第二十一，因治病发生困难的回城知青和因公致残生活不能自理的知青；第二十二，生活困难的企业退休职工；第二十三，生活困难的企业职工中因病或非因公死亡者的遗属；第二十四，林彪反党集团中判刑释放人员；第二十五，江青反党集团中判刑释放人员；第二十六，麻风病人。

其次，在形式和内容上也有一些改变。国家对城乡贫困户的救济以往都是按照人均最低生活标准线实行一次性或定期救济两种办法，强调生活救济。1979 年开始，民政部门对中国的传统济贫制度开始有了改革意识，尝试将单纯的“输血”改为“造血”，也就是将生产经营机制引入济贫领域，将扶贫从农村引入城市。在部分地区实行了“双扶”（扶贫、扶优）相结合的办法，对城市救济对象，依靠街道组织有劳动能力的参加生产自救，对无劳动能力的孤老残幼实行定期救济。

再次，随着经济发展和价格体系改革，各地根据当地财政状况和生活水平调整了社会救济标准。另外，除了传统救济制度的延续，中国政府采用了一些非制度性、临时性的补救措施，如全国范围内的“社会帮困”活动、“送温暖”工程等等。

即便这样，相对于中国城市的“新贫困”问题，传统的救济制度仍然表现出极大的局限性，无法满足救济需求。面对庞大的失业人口、新的贫困群体，1992 年，得到国家定期定量救济的城镇困难户人数仅有 19 万人，占城镇人口的比重为 0.06%。① 而那些非制度性的、临时的救助活动后来被证明成本不菲，收效也甚微。②

① 参见唐钧：“中国的城市贫困与社会救助制度”，《江海学刊》2001 年第 2 期，第 46 页。

② 参见郑功成等：《中国社会保障制度的变迁与评估》，中国人民大学出版社 2002 年版，第 219 页。

3.4.3 小结

经过20世纪70年代末的意识形态及发展思路的大讨论后,工作重心从政治转移到经济建设上来,尊重经济与社会规律成为发展的哲学依据。由于"上山下乡"运动的结束、返乡热潮的来临以及农村人口向城市的转移等因素,城市劳动就业形势极为严峻。而与此同时,20世纪80年代至90年代初,中国城市地区开始了从经济领域向社会领域的大规模改革。随着市场在资源配置中作用的日渐突出,这种新的生产方式、生产力与一些旧有的生产关系产生矛盾,加之长期积累的生产力与生产关系的内部矛盾,城市贫困的种子从此发芽。但由于当时主流环境还没有脱离计划经济的轨道,许多矛盾还没有激发和显现,城市贫困作为社会问题还未爆发。与城市贫困的出现和累积情况相对应的是,城市贫困救助政策在这段时期并未发生质的变化,贫困救济的实践角度、救助资金的使用、救助方式等环节都沿用传统的贫困救助,其改革的步伐落后于贫困问题的发展。

3.5 进入转型阶段——1993年至1999年

3.5.1 背景

1992年邓小平南行及1992年党的十四大以后,建立社会主义市场经济体制进一步被明确为中国经济体制改革的目标。经济体制改革的推进,使曾经受到束缚的生产力得以释放,经济总量大大增加,城市居民收入水平也有了大幅度的提高。GDP从1993年的31 380亿元增加到1999年的82 054亿元,增加了161%;城镇居民人均可支配收入从1993年的2 337元提高到1999年的5 854元,扣除物价因素,上升了42%。

然而，随着改革的纵深发展，多年来积累的生产力与生产关系的矛盾开始逐步显性化。经过几年的积累，产业结构急剧变迁，很多国有、集体企业处于停产、半停产状态。国有和集体企业的结构性和转轨性失业问题日益突出。而依靠工业扩张来实现经济高增长和高就业的方法的使用受到局限。与此同时，政府不再堵截农民工进城务工，政府在这一时期主要实行的政策是“下岗分流、实施再就业”以及强调失业下岗人员“自谋职业”，国家不再统一安排。城市中迅速形成了以失业下岗职工、停产半停产企业的职工、一部分被拖欠养老金的退休人员以及他们的赡养人口为主体的城市贫困群体。

这一时期的经济社会背景主要有：体制转型带动社会结构的转型，收入分配差距持续扩大导致经济分层和贫困群体的产生，社会政策（尤其是社会保障制度）的市场化转型（这一时期经济社会背景详见第五章“转型期城市贫困救助政策分析与评价”）。

在这样的背景因素下，城市贫困问题开始显现并日渐严峻。一时间，不同机构、学者开展了大量的研究，包括国家机构（如国家统计局）、国际组织（如亚行专家组）、经济学界（李实等）、社会学界（唐钧等）。估计的贫困规模在 1 500 万至 3 700 万之间。如果说中国的城市贫困问题在 20 世纪 90 年代初开始产生和发展，那么到 20 世纪末已经变得异常严峻了。

3.5.2 贫困救助政策的转型

上海作为最大的工商业城市和经济中心，国有企业高度密集。同时上海也是中国改革开放的窗口之一，因此，在经济转型过程中也最先感受到改革给社会带来的冲击。城市中出现了收入较低、生活困难的在职职工、退休职工、社会闲散人员等新的城市贫困群体。而传统贫困救助范围有限，其他一些“零敲碎打”的救助方式在管理效率和效果方面也都不尽如人意。1993 年,经过深入调研,决定建立居民最低生活保障线和最低工资标准两条保障线,并发布了《关于本市城镇居民最低生活保障线的通知》。城市居民最低生活保障制度最先在上海建立了。

1994 年,民政部根据社会主义市场经济体制的建立和各项改革的深化,对传统的城市社会救济制度进行了重大改革,提出了"在城市要逐步按照城市居民最低生活保障线进行救济"的工作思路,决定在全国范围建立城市居民最低生活保障制度,并开始了试点。自此以后,各地在结构框架和实施方式上"发展"地建立相应制度。到 1995 年 5 月,先后有 6 个城市建立了这一制度。在 1995 年 5 月至 1997 年的推广阶段中,全国有两百多个城市(约占全国城市的 1/3)建立了低保制度。实施模式也得到了发展,如"上海模式"、"武汉模式"和"重庆模式"。

1997 年 9 月《国务院关于在全国建立城市最低生活保障制度的通知》,明确提出在 1999 年底前全国所有的城市都要建立这一制度。在中共十五大报告中,江泽民主席再次强调"要实行保障城镇困难的基本生活的政策"。1999 年 9 月国务院颁布了《城市居民最低生活保障条例》(以下简称《条例》),9 月底,全国 668 个城市和 1 638 个县政府所在的建制镇建立起最低生活保障制度。但建立之初的保护率①较低,1999 年 10 月全国普遍调高保障线后,享受低保待遇的只有 310 万人。

最低生活保障制度以行政法规的形式将一项主要的救助政策——"收入保障"确定下来,并在一定范围内(拥有城市户口的人口中)采取

① 保护率是指计划期内,一定地区范围,得到适当救助的人口占生活在贫困线以下的人口的比率。但这里的贫困人口不是按照 1994 年出版的《中国社会保障辞典》中所界定的城镇贫困人口(即在计划期内无固定收入、无生活来源、维持当地基本生活有困难而需救济的人口数),而是在社会当时主流价值观体系中被认可为贫困的人口数。当前中国官方还没有确定城市贫困线的标准。保护率与本书后面提到的"捕捉率"具有相同的含义。

了无差别平等原则。除此以外，还有地方政府负责、申请和差额补助的原则。持有城市户籍的人只要符合规定标准，均有申请权、提起行政复议和行政诉讼权。符合救济标准的城市居民在享有获得帮助的权利的同时，需要履行一定的义务，如接受群众监督，告知收入变动，参加公益性社区服务劳动（就业年龄内有劳动能力的）。新的贫困救助政策较传统计划经济时期的贫困救助政策有了很大发展（详见第五章“转型期城市贫困救助政策分析与评价”）。

事实上，作为潜在贫困群体——下岗失业人员和部分离退休人员，并没有直接被纳入最低生活保障制度，而是被国务院“两个确保”战略所保护。考虑到“为维护社会稳定，促进企业改革和经济发展”，1998年国务院实行了“两个确保”战略，即确保企业离退休人员的基本生活（基本养老金按时足额发放），确保企业下岗职工的基本生活（下岗职工基本生活保障金发放）。2000年，针对“目前仍有一些地区未能完全做到两个确保，企业离退休人员基本养老金发放出现了新的拖欠，部分国有企业下岗职工未能足额领到基本生活费，个别地方还由此产生了不稳定因素”的情况，国务院又发布了《国务院关于切实做好企业离退休人员基本养老金按时足额发放和国有企业下岗职工基本生活保障工作的通知》。然而，这里还存在一个争议，发放下岗职工基本生活费和离退休人员的养老金，究竟是补偿国家、企业以往的欠债，还是贫困救助的支持政策之一？虽然下岗职工基本生活保障与社会救济的性质不完全相同，但在客观上起到了保障生活的作用，与失业保险和最低生活保障共同形成了“三条保障线”。这对于解决城市贫困问题客观上起到了缓解的作用。随着下岗职工陆续“出中心”，下岗人员基本生活保障与失业保险及最低生活保障并轨，这也是在接下来的几年内享受低保的城市人口迅速增加的原因之一。

城镇居民人均月生活费的困难补助标准此时还没有统一规定,各地的标准主要有三种类型:一是按城市类型分类;二是按身份分类,如天津按职工和家属分类;三是参照最低工资标准制定城镇居民最低生活保障线。还有的地区没有制定职工生活困难补助标准,如深圳和珠海。在经费供给方面仍然是国家和单位共同负责。从有关统计数据上可以发现,随着城市最低生活保障制度的发展,国家在城市贫困救助中的比重逐步增加,从 1995 年的 47.8%提高至 1999 年的 83.81%。[①]

3.5.3 小结

1993 年至 1999 年的这一时期,城市贫困状况十分严峻,传统的贫困救助政策显然不能满足"改革、发展、稳定"的要求。在上海市率先建立城市最低生活保障线制度以后,各地纷纷探索、实践、发展这项制度,继中国城市社会进入转型期后的近十年,贫困救助政策开始进入转型时期。在此期间,一方面是新政策的建立、推广和普及,而另一方面则是原有贫困救助政策的继续执行,这是贫困救助政策的双轨时期。

3.6 逐步完善阶段——1999 年至今

1999 年颁布《条例》后,低保制度便成为中国城市主要和核心的社会救济制度。在几年内,虽然形式和内容并未发生较大变动,但覆盖人数以及标准等方面都有不同程度的提高,政策执行也逐步朝着规范化方向发展。

2001 年被称为最低生活保障制度跳跃式发展的一年。8 月,朱镕

---

① 参见宋晓梧主笔:《中国社会保障体制改革与发展报告》,中国人民大学出版社 2001 年版,第 441 页。

基总理在贵州考察期间指出："城市居民最低生活保障工作，对维护社会稳定，保障国有企业改革，具有重要意义。对这项工作还是要加强，要切实落实资金，中央和各级地方财政，都要逐年增加用于低保的资金。对财政困难地区，中央财政要给予必要的补助。"[①]2001 年 11 月，国务院办公厅发出了《关于进一步加强城市居民最低生活保障工作的通知》，要求尽快把所有符合条件的城市贫困人口纳入最低生活保障范围，加大财政投入力度，管好、用好城市居民最低生活保障资金，建立、健全法规制度，推进城市居民最低生活保障工作的规范化管理。当年享受低保待遇的人口就达到了 1 170 万人。2002 年国务院要求实现低于低保标准的贫困人口"应保尽保"。民政部宣布，截止到 2002 年 7 月 10 日，全国有 1 930.8 万城市困难居民领到了最低生活保障金，至此初步实现了"应保尽保"目标。[②] 当年低保对象的数量达到 2 000 万人以上（享受低保人数、结构以及投入资金的变动参见表 3－3）。2004 年，积极推行"分类施保"，对重病、重残和无经济收入等低保家庭给予重点救济。

各地在努力扩大保护面和提高标准的同时，纷纷结合本地情况（主要是财政能力）以及基础调查研究[③]，制定了一系列的救助政策，如医疗救助、教育救助、廉租住房、法律援助等，这些政策大都以低保对象为受益者群体（见表 3－4）。

① 唐钧："2002 年城市居民最低生活保障制度的'跳跃式'发展"，中国网，2002 年 12 月 23 日。

② 参见张桂涵、李薇薇："'应保尽保'首次实现"，《北京青年报》2002 年 7 月 20 日。

③ 在同一地区低保标准相同，但贫困者群体的需求及其紧迫性各不相同。调查显示：28.7％的低保户认为最大的困难是找工作难，25.9％的低保户认为医疗费用高，17.3％的低保户认为子女教育负担重，家庭人均住房面积在 5 平方米以下的低保户占 12.8％，还有 33.7％的低保户家中有残疾人。http://news.xinhuanet.com/newscenter/2002-11/27/content_642640.htm。

除此以外,中国各级工会组织开始开展对困难职工家庭的“送温暖”活动。从1994年到2004年初,共筹集慰问款181.1亿元,走访慰问困难职工5 577.8万户。

表3-3 1999—2005年城市居民最低生活保障人数及构成

年份	人均补差(元/月)	在职人员	下岗人员	退休人员	失业人员	“三无人员”	其他人员	合计(万人)	财政支出(亿元)	
									地方	中央
1999年		—	—	—	—	—	—	281	15.7	4
2000年		—	—	—	—	—	—	402.6	11.6	8
2001年	63	—	—	—	—	—	—	1 170.7	31.2	23
2002年	52	186.8	554.5	90.1	358.3	91.9	783.1	2 064.7	58.7	46
2003年	58	179.3	518.4	90.7	409.1	99.9	949.4	2 246.8	59	92
2004年	65	141	468.9	73.1	423.1	95.4	1 003.5	2 200.8	70.9	102
2005年	72	112.5	432.1	60.2	401.1	95.7	1 131.1	2 232.8	78.7	112

资料来源:本表数据由民政部提供。

表3-4 36个城市低保标准的变动情况

城市	低保制度实施时间	低保标准(元)				
		1997年5月1日	2002年7月1日	2003年3月1日	2004年3月1日	2004年10月1日
北京	1996年7月	170	290	290	290	290
天津	1998年1月	185(1998年1月)	241	241	241	265
石家庄	1996年1月	120	182	182	205	205
太原	1997年7月	120(1998年1月)	156	156	171	183
呼和浩特	1997年1月	100	153	153	180	180
沈阳	1995年1月	150	205	205	205	205
长春	1997年3月	130	169	169	169	169
哈尔滨	1997年4月	100	200	200	200	200
上海	1993年6月	185	280	290	290	290

南京	1996年8月	120	220	220	220	240
杭州	1996年1月	150	270—300	270—300	270—300	270—300
合肥	1996年7月	120	169	169	210	210
福州	1995年1月	150	200—220	200—220	200—220	200-220
南昌	1997年1月	80	143	143	165	190
济南	1996年7月	120	208	208	208	208
郑州	1996年8月	120	180	180	200	200
武汉	1996年3月	120	210	210	220	220
长沙	1997年1月	120	180—200	180—200	200	200
广州	1995年7月	240	300	300	300	300
南宁	1996年1月	125	190	190	190	190
海口	1996年1月	170	221	221	221	221
成都	1998年1月	120(1998年1月)	178	178	178	210
重庆	1996年7月	120	185	185	185	195
昆明	1996年7月	120	190	190	190	200
贵阳	1998年1月	120(1998年1月)	156	156	156	170
拉萨	1997年8月	130(1997年8月)	170	170	180	200
西安	1998年1月	105(1998年1月)	156	180	180	180
兰州	1997年1月	120	172	172	172	172
西宁	1996年1月	105	155	155	155	165
银川	1996年1月	100	160	160	170	170
乌鲁木齐	1998年1月	120(1998年1月)	156	156	159	156
大连	1995年1月	165	221	221	240—312	240—312
青岛	1994年6月	140	200—210	200—210	230	230
宁波	1996年7月	150	260	260	260	280
深圳	1997年1月	205	290—344	290—344	290—344	290—344
厦门	1993年1月	230	265—315	265—315	265—315	265—315

资料来源：本表数据由民政部提供。

3.7 结束语

政治、经济及社会发展状况是政策演进的基本背景。贫困救助政策是社会保障体系的一个部分,它同样也不可避免地是一种用经济手段来解决社会问题,进而达到特定政治目的的制度安排。[①] 因此,政策的演进无法离开其基本的社会、经济和政治背景。本章基于社会变迁的背景下描述了自 1949 年以来中国城市贫困救助政策的大致演进过程。相对于在同一经济体制下的政策演进而言,20 世纪 80 年代以后的经济体制改革不仅带动了社会的全面转型,更引起了社会政策的巨大变迁。换言之,社会政策变迁是以特定的转型背景以及转型期社会问题的特殊性为基础的。

① 参见郑功成:"中国社会保障改革研究及理论取向",《经济学动态》2003 年第 6 期,第 51 页。

第四章　中国转型期城市贫困分析

转型时期中国城市贫困问题是客观存在的，特殊的转型时期决定了贫困与其他社会问题的关联性以及原因的复杂性。

20 世纪 90 年代引起各界关注的中国转型期城市贫困问题，其特殊性表现在客观和主观两个方面。客观方面集中体现在贫困群体及其致因的特殊性上；主观方面则表现在转型前后社会对贫困的存在观、表现观、美丑观以及归因观的转变上。这些特殊性也奠定了贫困救助政策变迁的基础。因此，本章的研究任务是：研究转型期城市贫困群体构成的特殊性；分析他们在转型时期沦为贫困群体的原因，即城市贫困与转型的关联性如何；考察转型期对贫困的主观认识的变化特征。

4.1　转型期城市贫困的背景

4.1.1 体制转型下的结构转型

中国的转型是经济体制转轨下的社会全面转型，既包括经济方面，也包括了社会方面的转型；既体现在制度方面，也体现在结构方面。产值结构、产业的就业结构、城市所有制就业结构、城市化水平结构的变迁，不仅是发展规律本身决定的，更是主动的经济体制转型的结果。而以上经济、社会结构的转变又构成了中国转型期城市贫困的基础。

从产值结构看，1985 年到 2003 年间，中国 GDP 总量在增长了十几倍的同时,其结构也发生了变化,第一产业所占比重从28.4%下降为14.8%;第二产业从43.1%上升为52.9%;第三产业由28.5%上升为32.3%。

从产业就业结构看,1985年中国三次产业就业人口比例分别为62.4%、20.8%、16.8%,而2003年这一比例分别为49.9%、21.6%、29.3%。按照就业结构发展规律,中国开始出现第一产业就业人数比例下降,而且绝对数开始下降;第二产业比例出现先升后降的趋势;第三产业无论在绝对数还是相对数都呈明显上升趋势。

从城市分经济类型单位就业人员构成的变化情况看,国有、集体单位就业比例急剧下降,其比例从70.19%、25.95%分别下降到26.82%和3.90%。而其他所有制经济的就业比例都有不同程度的上升,尤其是包含绝大部分灵活就业的“其他”类别,比例为最高,近40%。①

从城乡人口结构的变动上看,1985年至2003年,中国城镇化水平由17.7%提高到40.53%,年均递增5.3%,是世界同期城镇化平均速度的2倍多。近两年的数据虽然显示这一速度有所减缓,但在2005年城市化水平已经达到43%。② 按照1995年以来的平均速度,2010年将超过50%,2020年将达到64%。③ 也就是说,在不远的将来,全国有一半以上人口将生活在城市。无论就城市化水平,还是其发展速度而言,中国转型期城市化发展进入了新的阶段。

4.1.2 转型、收入差距和经济分层

如果说1978年是中国意识形态转型的重要一年的话,其后至80年代中期,经济制度的转型也逐步开始并深入。中国的经济体制改革

---

① 根据历年《中国统计年鉴》计算。

② 参见陈剑:“中国人口变动正进入重要时期”,《中国经济时报》2006年4月7日。

③ 参见王梦奎:“把握城市化的适当进度”,《北京日报》2005年6月6日。

实质上是在政权稳定的前提下引入市场经济。中国从计划经济向市场经济体制转型的过程中，从生产、交换、分配等环节上，市场对资源配置逐步起到了主导作用，市场竞争的范围和程度也逐步扩大和深化。邓小平提出的“先富后富”观点，在摆脱传统社会主义意识形态的同时，在理论上承认了一定程度的收入差距或“不平等”不可避免。中国开始在意识形态和制度上允许并鼓励人们利用禀赋和掌握的资源创造物质财富。1986 年 3 月，邓小平在会见新西兰总理时指出：“我们的政策是让一部分人、一部分地区先富起来，以带动和帮助落后的地区，先进地区帮助落后地区是一个义务。我们坚持走社会主义道路，根本目标是实现共同富裕，然而平均发展是不可能的。”体现在收入分配制度上，初次分配强调效率原则，资本、能力等生产要素也开始参与分配，且份额处于逐步强势的地位，而劳动(相对于资本)处于递减的弱势地位；在再分配领域，由于转型期对高收入阶层缺乏基本的调节和监控手段，同时也对低收入阶层缺乏有效保护。而结果就是自 20 世纪 80 年代中期以来城市居民收入差距持续扩大(参见图 4－1)。比较而言，在中国城市居民收入分配关系中，最低收入者同其他收入阶层的收入差距的拉大，是总体上收入分配差距拉大的重要原因。中国城镇居民收入分配中的一个重要问题是，低收入者收入比重下降相对严重。

20 世纪 90 年代末进入了利益分化快速变动的时代，国有企业职工的地位变化突出体现了这一点。在 20 世纪 90 年代初，在经济地位、福利待遇、社会声威方面，国有企业职工还是一个社会地位颇高的阶层。但是仅仅到了 90 年代后半期，国有企业职工的地位竟一落千丈。① 城市社会阶层分化的基础是城市居民经济收入的差距。按照李

① 参见李强：《转型时期中国社会分层》，辽宁教育出版社 2004 年版，第 158 页。

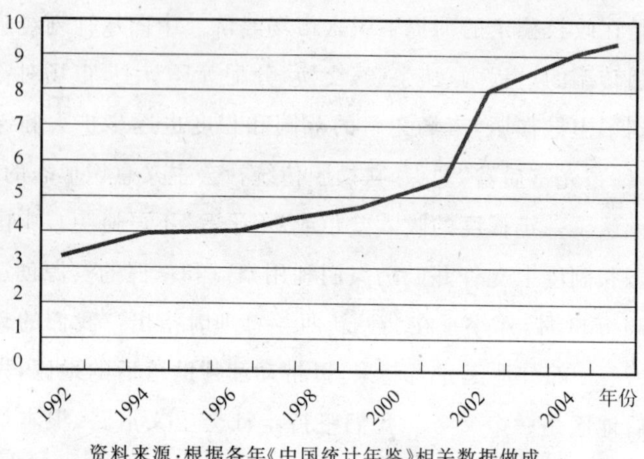

资料来源:根据各年《中国统计年鉴》相关数据做成。

图 4-1 1992—2005 年收入最高 10%与最低 10%人均可支配收入比值变化

强的观点,中国改革开放以前是一个以政治分层为主的社会,而改革开放以后则是以经济分层为主要表现的社会分层。经济分层主要是指对经济资源(如生产资料、财富、收入)的所有权、使用权和经营权,它是掩藏在不同社会群体间经济不平等的表现形式。虽然社会学者对中国当前经济分层的观点还不尽一致,如陆学艺的"层化论"、李强的"碎片论"、孙立平的"断裂论"等等,但他们普遍承认了一个事实,即在城市地区,以城市下岗失业人员、农民工为主体的底层群体已经形成,[①]而且是被"边缘化"的阶层。

4.1.3 转型社会风险加大条件下社会保障制度的转型

随着工业化、市场化、现代化进程的加快,城镇人们面临着更多的

① 陆学艺的"十个社会阶层"和"五个社会等级"的分法;李强的"利益绝对受损群体——社会底层群体";孙立平的"被甩到社会结构之外的弱势群体"等等,参见陆学艺:《当代中国社会阶层研究报告》,社会科学文献出版社 2002 年版;李强:《转型时期的中国社会分层结构》,黑龙江人民出版社 2002 年版;孙立平:《断裂——20 世纪 90 年代以来的中国社会》,社会科学文献出版社 2003 年版。

社会风险，如失业、疾病、长寿等。首当其冲的就是失业风险。在计划经济时代，基本上是短缺经济，国有企业只是按照中央计划进行组织生产，而城镇居民拥有就业保障，国有企业没有破产，职工也没有失业和下岗之说，市场竞争只在很小范围的非全民所有制企业零星存在。改革开放和经济体制改革以来，优胜劣汰是市场经济的游戏规则。市场竞争机制必然使一部分人因为生理条件、自然条件、社会条件和工作环境的限制成为市场竞争的失败者，沦为失业群体。除此以外，生活压力、环境污染，甚至意外伤害，导致城市居民面临越来越多的疾病。还有看似与之矛盾、过去不可理解的长寿风险或高龄风险等等。

然而，与此同时，为了配合经济结构多元化的发展和国有企业改革的推进，国家—单位保障制度开始向国家—社会保障制度转型。

社会保险制度和社会福利制度的改革的基本方向是增加个人责任和市场化。就养老保险制度而言，1995 年 3 月，国务院发出了《关于深化企业职工养老保险制度改革的通知》，确立了社会统筹和个人账户相结合的新模式。改革前后的养老金替代率急剧下降，从改革前的 70％以上下降为 56.95％（平均水平）。医疗保险经过几年的试点探索过程，在 1998 年国务院下发了《关于建立城镇职工基本医疗保险制度的决定》，实行“双方负担”的基本思路。改革后待遇水平不仅下降，而且在制度转型时期由于新旧制度更替以及新制度对部分城镇居民的排斥（如职工的家庭成员）等原因，城镇居民中享有医疗保障的比重大大下降。1990 年享受公费医疗的人数为 16 038.7 万人，占当时全国城镇人口总数的 52.71％；而到 2004 年年底参加医疗保险的总人数为 12 404 万人，仅占城镇人口总数的不到 23％。① 政府在中国城镇职工养老保险和医疗

① 根据 1991 年、2005 年《中国统计年鉴》计算。

保险体系的总体方案中虽然还设计了补充养老、补充医疗保险,但因配套制度的缺失和欠完善,这些补充保障制度的作用也非常有限。

与城镇职工福利密切相关的住房、教育等社会政策也在这一时期转型,城市居民在这两方面的支出也随之大大增加(见表4-1)。国家鼓励发展第三产业以调整产业结构,各企业为适应竞争形势,纷纷改革城市社会福利的主要部分——职工福利。绝大多数单位的集体福利设施实行承包制或成立单独的服务公司或后勤集团,实行市场化方向改革,即便是本单位内部职工也需要支付一定费用才可以享受相关服务。对于城市居民一项较大支出——住房也开始商品化。自1989年国务院颁布《关于在全国城镇分期分批推行住房改革的实施方案》,各地开始探索住房福利制度改革,实行住房商品化。1994年国务院又发布《关于深化城镇住房制度改革的决定》,规定到1998年年底,全部停止企事业单位的福利分房。虽然同时出台了住房公积金制度以及其他财税政策,然而配套滞后,结果是城市居民需要支付更多以满足住房需求。

表4-1 城市居民家庭学生不同时期的消费支出一览表

不同阶段的消费支出	
教育阶段	每学期每人支出
大学以上	4 838元
大专	3 971元
高中	1 441元
初中	801元
小学	548元
幼儿园	758元

注:以上费用不包括学生的生活费。

资料来源:《中国信息报》2000年2月15日。

从转型的时间和政府动机来看，传统的国家—单位社会保障制度转型是被动的、滞后的，即为了配合国有企业改革。从这一角度而言，社会保障制度转型是必然的。但社会保障制度转型是一个过程，从旧制度的开始改革到新制度的完全确立需要较长的一段时期。就城市居民而言，在失去单位保障的同时，完全被社会保障覆盖需要一个过程，这一过程至今仍在继续。而从当前社会保障的待遇水平和发展趋势来看，也较原来的水平有所降低。

4.1.4 城市贫困问题备受关注

综上所述，城市贫困的社会背景是客观存在的。然而，现今的城市贫困并不表现为温饱型的贫困，可以说，历史任意时期的贫困无论从规模上还是从程度上都有过之而无不及。为什么城市贫困问题能够引起社会的极大关注？回答这个问题，我们不得不注意到以下几个鲜明对比：中国转型期城市总体生活状况的改善与城市贫困现象；在封闭与开放环境下人们对贫困的主观感受的变化；转型期的社会蓝图与城市贫困。也就是说，城市贫困之所以备受关注，除了客观社会背景，还有这一背景下的主观性的一面。

首先，转型时期的城市贫困是在总体生活状况逐步改善的条件下的贫困。

贫困不仅是绝对的，也是相对的。对中国转型期城市贫困的关注和再认识与收入分配差距的持续扩大相联系，它是伴随着经济高速发展而产生的，是与城市总体生活状况的改善相伴而生的。这也是对城市贫困的关注及再认识的重要原因。贫困人口的人均收入以及恩格尔系数是反映城市居民生活状况的重要指标。人均收入与生活状况一般呈正相关关系。而恩格尔系数与生活状况一般呈负相关关系。恩格尔系数是指食物支出在消费总支出中的比重，人们通常用它作为考察和测度国民生活质量的重要指标。1992年以后,我国城镇居民恩格尔系数迅速下降,1994年降至50%以下,按照联合国粮农组织的标准和界定,[①]完成温饱型向小康型的过渡;2000年降至40%以下,又从小康型过渡到富裕型;2001年为37.9%。到2005年城镇居民恩格尔系数下降至36.7%。人均收入的持续提高以及恩格尔系数持续下降,标志着城镇居民生活质量的进一步提高。而另一方面,收入差距持续扩大,城市贫困问题凸显。中国转型期城市贫困发生在这样的反差条件下,是城市贫困问题引起社会关注的原因之一。

其次,转型时期的城市贫困是开放环境下的贫困。

计划经济时期不仅城市与农村的二元社会之间是封闭的,城市与城市之间的开放性也极为有限。20世纪70年代末80年代初的逐步开放的国内环境,将人们的视野从自己所属地区扩大到沿海开放城市直至全国。经济全球化又使观察、分析和判断问题的视角扩大到世界范围,尤其是瞄准发达国家。他们对中国的文化和意识形态方面的影响是潜移默化的。人们在当时封闭的条件下只能感受到绝对贫困,而当视野扩大到全国甚至全球以后,除了绝对贫困,更为突出的是开始体会到学术界所称的"相对剥夺"、"社会排斥",也就是相对贫困。相对贫困以及主观的贫困感只有在开放的社会关系中才能出现。此为开放性与贫困问题得到关注的直接原因。

无独有偶,正当中国经历历史上重要的转型期之时,20世纪80年代以来,西方工业化国家的经济结构也几乎都经历了从工业社会向后工业社会的调整和转型。就业、人口和社会福利政策发生重大转变,城

① 联合国粮农组织用恩格尔系数判定生活发展阶段的一般标准是:60%以上为贫困;50%—60%为温饱;40%—50%为小康;40%以下为富裕。

市新贫困、社会排斥等相关社会问题开始浮现。人们认识到，城市新贫困问题是西方国家在全球化和经济调整的新条件下面临的主要社会经济问题，是社会经济转型导致的直接结果。① 与此同时，在欧洲掀起了贫困理论革命的一个新高潮，"相对剥夺"和"社会排斥"成为分析贫困问题的框架，欧洲又一次成为贫困问题的研究中心。

在改革开放的条件下，对西方国家的转型以及转型时期贫困问题的研究，首先让学者们开始认识、了解甚至接受了国际文化、思潮。经济全球化更使得各国在自然科学和社会科学领域面临着更多相同、相似的问题，也使学者可以分担和分享相关的研究课题及成果。从前文中也可以发现，中国对贫困问题的研究已经开始融入国际研究体系中。

当然，中国的城市贫困无法避免受到国际经济竞争的影响。然而，学术界、政界以及社会主流的贫困观更加无法避免受到全球化或国际化的政治、文化和社会等各个方面的影响。开放的环境下，对"贫困"的社会理解是变化的。在经济高速增长的中国城市地区，虽然贫困无法脱离"绝对贫困"的内核，即无法自力满足基本生存，但贫困更多地从"较低生活水平"和"剥夺"的方面理解，甚至还有学者认为中国城市中绝对贫困已不再存在。② 中国城市贫困受到空前重视，无法与转型时期的全球化分割开来。

第三，转型时期的城市贫困是衬托在理想社会蓝图下的贫困。

辩证唯物主义告诉我们，倘若认识实践者不带有任何主观意识、

---

① 参见钱志鸿、黄大志："城市贫困、社会排斥和社会极化——当代西方城市贫困研究综述"，《国外社会科学》2004 年第 1 期，第 54—60 页。

② Yan Hao, "Urban Poverty in China: An Emerging Challenge to an Economy in Transition," the paper prepared for Section 71: A View on Poverty and Inequality on Economies in Transition, 24th IUSSP General Population Conference, Salvador, Brazil, 18-24 August 2001.

主观思维模式,从纯粹社会现象的事实出发,是一种机械唯物论的认识方法。也就是说,社会问题本身不仅是客观存在的,一切社会问题及针对问题的实践都是人有意识、有目的的能动反映。马克思也曾引入一个概念“观念地存在着”。意思是说,人们认识世界、能动地改造世界都是围绕着“观念地存在着”的目标或蓝图进行的,而且伴有为实现目标或蓝图而预设的思维方式、思维工具、已知的知识及活动方式和步骤。①

对中国转型时期城市贫困问题的再认识也是如此。一方面这一问题客观存在,另一方面,也是人们在“理想社会”的目标和蓝图下再认识的结果。中国的转型是一次主动的社会转型,是被赋予现代化责任的转型,它包含人们主动追求社会发展的含义。在此条件下,人们在对未来社会愿景充满憧憬的同时,对转型时期的社会问题会有更加深刻的主观认识。在衡量一个社会问题时总是下意识地与理想社会蓝图相比较。正如新中国成立以后的一段时期,人们构想的美好的共产主义社会愿景是一个“物质资料极大丰富”的公有社会,在这样的思维模式下,“私有”就成为严重的社会问题被加以改造。

无论是学术界还是政界,在认识城市贫困问题的高度上,在强调威胁“社会稳定”的同时,也总是不免将其放在“社会权(或公民权)”、“发展”、“和谐社会”等思维框架中。作为愿景,这与詹姆斯·米奇利(James Midgley,1995)所提出的社会发展观点不谋而合。相对于传统模式与再分配正义模式,社会发展的观点是近年来较为受重视的观点,这种观点认为,社会发展的意义在于“一个计划社会变迁的过程,其目

① 参见雷洪:《社会问题——社会学的一个中层理论》,社会科学文献出版社1999年版,第48页。

的在增进国民的政体福祉，特别是强调与经济发展动态的连结”①。而近年来，政府提出的“小康社会”、“科学的发展观”以及新近十六届四中全会提出“构建和谐社会”构成了人们追求的理想社会蓝图。2005年的《社会蓝皮书》以“构建和谐社会：科学发展观指导下的中国”为题，分析了2004年的社会发展状况和2005年若干社会发展趋势，提出了构建和谐社会的总体目标。在这样的社会中，社会各方面的利益关系得到妥善协调，人民内部矛盾和其他社会矛盾得到正确处理，社会公平和正义得到切实维护和实现；经济基础和社会结构的变化形成了不同的利益群体和利益诉求。和谐社会，最根本的是经济利益格局的和谐。2007年，政府明确提出“让全体人民共享改革开放的成果”，强调社会经济政策中公平理念的体现。城市贫困在构建和谐社会和公平社会的理想衬托下，更加引起社会各界重视。

无论从问题的客观存在性，还是从中国转型期的特定背景下的主观感受来看，中国城市贫困问题的存在已经毋庸置疑。随着城市化水平的提高，中国的贫困问题将主要表现为城市贫困。而若考虑到贫困的外部性，城市贫困问题的解决将关系到中国大部分人口的福利状况改善。

4.1.5 小结

转型期城市贫困问题的出现无法与转型期的历史背景相互割裂。体制转型促进了社会结构的全面转型，即向产业化、工业化、城市化的方向发展；体制转型也带来了收入分配差距的拉大和经济上的社会分层以及社会底层的形成；同时被动的社会保障制度转型也构成了主动

① Midgley, J., *Social Development: The Developmental Perspective in Social Welfare*, London: Sage Publications, 1995, p. 25.

的体制转型之下的特殊背景。以上构成了转型期城市贫困的特定历史背景,对城市贫困问题的产生具有直接和间接的影响。城市贫困问题之所以为社会空前关注,也离不开城市生活整体改善、日益开放的国内外环境以及人们面前美好的社会蓝图这三个方面,无疑是贫困客观和主观存在的重要影响因素。

4.2 转型期城市贫困群体的构成

中国转型期的城市贫困被称为"新贫困"。[①] "新"集中表现在与计划经济时期不同:转型期城市贫困群体构成,除了社会结构中传统的"三无人员"外,还包括下岗失业人员、在职职工、离退休人员、城市移民(如城市扩建过程中的农转非以及自发流入的流动人口)等以及他们的家庭成员。

4.2.1 下岗失业人员

经济体制的市场化转型对计划经济体制下的部分传统产业产生了巨大的冲击,如纺织业、煤矿工业、机械制造业、森林工业、轻工、军工的部分产业。[②] 国有企业面临来自内(国内其他所有制企业)和外(国外同行业)的双重竞争压力,多年来积累的生产力与生产关系的矛盾开始显现:部分国有企业处于停业、半停业、兼并甚至破产、倒闭的状态。伴随着经济发展战略的转型,经济增长方式也从计划经济时代的粗放型

---

① Knight John, "Trends in Poverty, Equality and the Achievement of International Development Targets in China," paper prepared for the DFID China Programme Retreat, 29 June, 2000.

② 下岗最多的是制造业,2002 年比 1992 年,制造业工人纯减少 2 601 万人,其中国有制造业工人纯减少 2 547 万人。参见孙学文:"城市人贫富差距有多大",《中国国情国力》2004 年第 5 期。

增长转向集约型，原有吸收城市劳动力的主要部门不仅不能继续为城市居民提供更多就业机会，反而成为排斥劳动力的主要部分。随着产业结构的调整，一些产业的部分，甚至大部分职工也开始放长假、下岗或失业。他们及其家庭成员构成城市新贫困群体的重要组成部分，被认为是中国转型付出的成本和代价。根据李强在 1998 年做的一次全国调查，下岗职工多集中在国有和集体两种所有制类型企业。调查显示，失业下岗人员中有 69.7%的原所在单位类型为国有企业，21.2%为集体企业，其他类型企业所占比重不到 10%。[①]

下岗之所以获得广泛的关注，首先是由于下岗工人数量巨大，而且贫困发生率较高。1997 年年末有 1 270 万下岗工人，1998 年年末有 877 万，1999 年年末有 937 万，2000 年年末有 911 万。截至 2003 年年底，国有企业下岗人员累计达到 2 800 多万人。除此以外，由于以下两个原因，下岗人员数量可能被低估。第一，根据国家政策，下岗只是针对国有企业工人而言，集体企业工人是否被当做下岗而获得相关的待遇取决于地方政策。[②] 第二，这些数字只包括那些在年末还未找到工作的下岗工人。实际上，有很多工人或因为企业无钱而无法得到生活费，或因为不愿在 3 年之后与企业脱离关系而拒签下岗协议，这些工人在官方的统计中并不被计为下岗工人，但是当地政府、企业和他们自己都认为他们是下岗工人。[③] 1995—1999 年，国有企业的工人人数下降

① 参见李强：《转型时期中国社会分层》，辽宁教育出版社 2004 年版，第 348 页。

② 即使集体企业的工人能够拿到下岗补助，所得到的也可能比国有企业的工人少。例如在陕西省，集体企业工人所获得的基本社会保障为国有企业工人的 80%（陕西省政府，2001）。

③ 参见樊平："中国城市低收入群体——对城镇在业贫困者的社会学考察"，《中国社会科学》1996 年第 4 期，第 70 页。

了24%,集体企业的工人人数下降了46%。[①] 这意味着集体企业工人离开的比率要远远高于国有企业,并且,集体企业的工人常常是以失业而不是下岗的形式离开企业。不仅如此,据国家经贸委2003年估计,当时国企冗员仍然高达1/3。[②] 这些冗员还有待于在后面的时期逐步解决。

下岗和失业人员在失去工作岗位以后,失去了主要收入来源。在社会保障制度不完善的条件下,与职业相关联的福利也因此一同失去。他们陷入贫困的概率非常大,因而也成为城市贫困人口的一个重要组成部分。根据当前政策上界定的贫困人口的概念,即被城市低保制度救助的人口,2003年,贫困人口中下岗、失业人员的比例为41%左右,加上他们的家庭成员,共约占贫困人口总数的95%左右。[③] 2003年年底,全国城镇登记下岗人数为587.9万人,[④]失业人数为800万人,依照2003年城镇享受低保的人员构成情况计算,下岗人员的贫困率高达80%以上,失业人员的贫困率为50%左右。

受到产业调整冲击较大的地区的贫困率也较大。如在资源枯竭的矿区、一些老工业基地中受经济结构调整冲击大的行业和企业,已经形成了大大小小贫困人口相对集中的贫困片区。黑龙江省的四个煤矿城市、两个林区城市以及国有中央、省直企业中,应纳入低保范围的人数达到8%—12%。以2003年城镇低保线为贫困标准,相对于东部十二省的贫困率(仅为2.33%),产业结构的计划经济色彩较为浓厚的西部和东北的贫困率分别为7.44%和8.4%。

---

① 参见谢桂华:"市场转型与下岗工人",《社会学研究》2006年第1期,第38页。

② 参见李志华:"中国城镇贫困问题探讨",《中共山西省委党校学报》2003年第5期,第42—45页。

③ 参见孙学文:"城市人贫富差距有多大",《中国国情国力》2004年第5期,第8页。

④ 根据2002年和2003年《中国劳动和社会保障统计年鉴》计算,为2003年年底数据(1998年结转数+每年新增数之和-累计减少数)。

4.2.2 离退休人员

从生命周期上看，离退休人员一般处于非劳动年龄阶段，他们已经退出劳动力市场，没有劳动收入，退休金成为他们的重要或是唯一的收入来源。在计划经济时期，城市离退休人员基本不存在贫困问题。除了仍旧可以享受单位和社会福利，作为收入主要来源的离退休金的替代率很高，达到80%以上，并且由单位和政府保障发放。而经济体制转型以后，国家—单位保障制在那些经营状况较差以及濒临破产的企业中开始名存实亡。

在转型期，导致离退休人员成为城市贫困群体的因素主要包括以下四个方面：

第一，国有企业经营困难。据26个省级劳动部门调查，破产、停产、半停产企业的离退休人员有163万人，其中不能正常领取离退休金的有近70万人，减发和停发离退休金总额为7.88亿元。1995年国有工业企业的亏损面达33.5%，在一些省区，如辽宁、福建等，国有工业企业亏损达50%以上。而在国有工业企业中，1997年国有大中型企业的亏损面达到46.8%。与此同时，自1996年《破产法》开始实施后，停业、破产的国有工业企业比例很高，还以辽宁和福建为例，停产、半停产的比例达到30%和33%。①

第二，转型时期城市离退休养老保障体制改革滞后。从1997年劳动部办公厅印发了《职工基本养老保险个人账户暂行办法》至2000年国务院颁布《社会保险费征缴暂行条例》和《国务院办公厅关于继续做好确保国有企业下岗职工基本生活和企业离退休人员养老金发放工作

① 参见陈端计：《中国经济转型中的城镇贫困问题研究》，经济科学出版社1999年版，第51页；张泰，“正确评价国有企业亏损情况”，《经济研究参考》1996年第6期，第8页。

的通知》期间,基本养老保险基本上实行的是差额缴拨,即企业应该上缴的社会保障基金与社会保险机构应拨付给企业的社会保险金相抵消以后,收大于支的企业,差额上缴;收不抵支的企业,差额拨付。差额缴拨的社会保障资金的收缴和发放方式不仅与"单位保障社会化"的市场化改革相背离,还为企业挪用、挤占社会保障基金提供了可乘之机,阻碍了离退休人员离退休金的调整和提高,而且社会保障基金发放拖欠严重,严重影响到离退休人员的生活。到 1998 年 5 月,拖欠养老金总计 87 亿元,涉及 356 万人。国有企业人均退休金低于 400 元的有 18 个省区,涉及 1 088 余万人。全国约有 2/5 的退休人员处于低收入水平,有 500 万退休职工生活非常困难。[①] 以辽宁省为例,仅 1993 年至 1996 年,停发、减发退休金的单位从 767 个增加到 2 325 个,为原来的 3 倍。[②]

第三,改革后的基本养老保险制度是依据名义工资建立的。转型时期职工的名义工资与实际收入在质和量上存在巨大差别。一方面,转型期劳动收入非工资化、非货币化程度高,工资总额大大少于劳动收入;另一方面,因为劳动收入由实物收入和货币收入组成。而货币收入又包括政府统计口径的工资、奖金、津贴、补贴等构成的工资总额和企业以种种名义发放、不统计在工资总额内的非工资收入。因此,社会保险机构核定的缴费工资总额远远小于统计口径的工资总额。按照养老金的计发办法,除了基础养老金与缴费工资基数无关,个人账户养老金以及过渡性养老金都会因为名义工资大大低于实际工资,而使得退休

① 参见多吉才让:《中国最低生活保障制度研究与实践》,人民出版社 2001 年版,第 70 页。

② 参见李强:"中国城市贫困层问题",《福州大学学报》(哲学社会科学版)2005 年第 1 期,第 22—29 页。

金的替代率大大低于理论值，造成职工退休后的收入大大低于退休前，这是转型期离退休人员贫困的深层原因之一。如果不采取任何措施，也必将为在职职工将来退休后陷入贫困埋下隐患。

第四，医疗保障改革。从年龄结构上，老年人是医疗消费的主体。老年人口的患病率是总人口患病率的近3倍。以我国为例，调查表明50岁以上的、占社会总人口约18%的中老年人口消耗了近80%的医疗费。[①] 5%—20%的医疗费自费比例也使年老多病者难以承受，在原单位效益不好的条件下，离退休人员医疗费难以报销。

从以上分析来看，离退休人员的贫困问题作为转型期中国城市贫困的特殊表现之一，在一段时期内，尤其是政府贯彻"确保离退休人员养老金按时发放"之前，相当严重。随着社会保障制度的改革和完善，这个群体的贫困问题在近年来有所缓解。从最低生活保障对象的数字变化来看，绝对数从2001年的90万人下降到2005年底的60.2万人，占低保对象的比例也从6%下降为2.7%。[②] 但无论如何，离退休人员的贫困问题毕竟作为转型期城市贫困的特殊性曾经存在，并仍在继续。

4.2.3 在职职工

如前文所述，国有企业，尤其是国有工业企业在从计划经济向市场经济转型的过程中，由于面临国内外激烈的竞争以及产业结构的调整等因素，有很大比例的企业面临经营状况不佳，甚至停业、半停业、破产的状态。不仅产生庞大的下岗、失业人员群体，在职职工的生活也因而受到影响，并逐步形成了城市贫困群体中的重要组成部分。

贫困人口在行业分布的情况与产业结构调整以及行业平均工资有

① 参见徐勤："农村家庭养老能走多远"，《人口研究》1997年第6期，第44页。

② 根据民政部提供数据计算。

直接关系。国家统计局2000年调查数据显示:在职人口的贫困发生率从高到低依次为社会服务业(6.01%)、建筑业(5.52%)、批发零售贸易餐饮(3.52%)、煤炭等采掘业(3.51%),而相对而言,在电力、煤气、水生产供应、金融保险、卫生体育、教育文化艺术、国家机关、社会团体等收入水平相对较高且比较稳定的行业、机构中,贫困率很低,有的甚至为零。[①] 这与制造业、农林牧渔业、采掘业、社会服务业和商业餐饮业等行业的工资水平较低具有较强的相关性。同时在那些产业结构调整较大的行业如纺织、轻工、森工、煤炭、军工,困难职工较为集中。这五个行业的职工收入是高收入行业职工收入的1/8到1/2。[②]

名义收入与实际收入脱节是导致在职职工贫困的重要原因。尤其是转型初期,在一些停产、半停产的亏损企业中,长期减发、停发、拖欠工资的现象非常严重。据26个省级劳动部门调查,截至1995年年底,共有破产、停产、半停产企业约4.1万户,涉及职工665万人;其中减发、停发工资的职工有479万人,减发和停发工资总额105.7亿元;困难程度较严重的地区有东北三省、河南、江西、陕西、山西、贵州等省。[③] 煤炭、军工、森工企业远离城市,一家几代人在同一企业工作,拖欠工资对这类职工家庭影响更大。

还有一点不能忽视,在职职工的工资收入内涵发生了变化。工资是在职职工的重要收入来源。虽然,工资的含义都是指以货币形式支付给劳动者的劳动报酬,但在计划经济向市场经济转型的过程中,工资

① 参见赵忆宁、刘心惠、钟立:“中国城市贫困人口分析”,《瞭望新闻周刊》2002年第15期。

② 参见樊平:“中国城市低收入群体——对城镇在业贫困者的社会学考察”,《中国社会科学》1996年第4期,第70页。

③ 同上。

的内涵实际上却发生了变化。低工资、高就业和高职业福利是计划经济时期国有单位的重要特征。国有单位以为职工提供全面的福利性保障为重要目标,工资与福利是混淆不清的。[①] 随着国有企业的市场化改革,企业为压缩生产和经营成本,纷纷将过去被认为是劳动报酬的弹性部分——职业福利市场化。职业福利的市场化步伐快于工资的市场化,在一定程度上导致了市场化带来的收入增加小于市场化引起的支出增加,进而影响了在职职工的生活状况。

在职职工的贫困现象并非只在转型期开始出现,计划经济时期也因家庭、个人因素等存在为数不多的在职职工的贫困,他们被称为"困难职工"或"特困职工",对于他们的救助由所在单位负责,即个人问题单位化。而转型时期,在职职工开始作为一个贫困群体出现,单位的转型使得单位无力,也不再负责对贫困职工的救助,救助事务从单位推给了社会,即单位问题开始社会化。转型时期在职职工的贫困实际上就是个人问题单位化向单位问题社会化的转变过程和结果。

4.2.4 转型过程中的流动人口

从新中国成立以来至转型前中国城市就业问题的解决途径来看,除了行政性地"增加固定投资扩大就业"和"三个人的饭五个人吃",还有一个就是限制或禁止农村剩余劳动力流入城市以及将城市的就业压力转嫁给农村的"上山下乡"运动。因此,计划经济时期政治化地排除农民竞争的方式不再适用于市场经济时期。城乡人口地域流动的政治限制被消除,这种长期积累的"动能"也开始爆发出来。20 世纪 80 年代末和 90 年代初开始的民工潮就是真实写照。那些从传统的农业部

---

① 参见郑功成:"从传统福利模式到新型福利制度",《构建和谐社会——郑功成教授演讲录》,人民出版社 2005 年版,第 397 页。

门游离出来、人户分离并长期工作、生活在城镇的流动群体,被允许在城市就业。据统计,2002 年中国流动人口总数约 1.2 亿—1.4 亿人,而在城镇的农民工约 9 400 万人。[①] 另据预测,到 2010 年中国农民工将达到 1.7 亿人。

虽然中国完全分割的二元劳动力市场在转型期已经开始松动,但仍然存在着许多计划经济时代政策制定的思维模式——城市地方保护主义。流入城市的农民工成为生活在城市的"边缘"群体:他们的就业领域受到限制。在制度上,也没有最低的工资保障甚至没有拿到工资的保障。作为产业工人,从事着高度工业化、社会化的生产劳动,他们实际上面临着工业化带来的更大风险,但却没有和城市居民相同的社会保障。不仅如此,他们需要付出高得多的费用解决子女的教育问题。较低的劳动报酬以及缺乏包括社会保障在内的各种制度保障,造成了流动人口的相对非福利状态,导致了这个群体更加容易陷入贫困状态。有研究表明,平均而言流动人口的贫困率比城镇常住居民高出 50%。[②] 按照 4%—8%的全国贫困率,流动人口的贫困率在 10%左右,即 1 000 万人以上。

但由于中国长期的城乡分割的经济和社会政策,上述所界定的流动人口并不在城市或农村贫困者的统计范围内。贫困人口的统计口径是以户籍所在地的标准区分,而农村贫困线和城镇贫困线的标准差距较大,所以当前统计口径中流动人口通常被列为非贫困人口。这种事实上的贫困又不能享受到低保、教育、廉租房、临时救济等城镇反贫困

① 参见刘春光:"农民工的社会流动和社会地位的变化",《江苏行政学院学报》2003 年第 4 期,第 52 页。

② 参见中国城镇贫困研究课题组:《城镇贫困:中国发展的新挑战》,经济科学出版社 2003 年版,第 48 页。

政策的眷顾。流动人口的贫困问题长期未能引起人们的注意。

在二元经济特征显著的中国,流动人口是经济发展的必然产物,并将在很长时期内存在。户籍制度改革的趋势是一定的,即实行城乡统一的户口登记制度,打破农业与非农业的限制。[①] 随着户籍制度改革的推进,这个被“忽略”的庞大的、隐性的贫困群体将逐步显性化。在社会转型的发展过程中,流动人口将会长期存在,然而流动人口的贫困则具有过渡性特点。流动人口的贫困问题不容忽视,因为这是城市中被掩盖着的贫困,可能积蓄着进一步爆发的能量。作为长期居住在城镇的一大群体,流动人口的贫困问题应当引起注意,并采取必要措施予以解决,这一问题的解决不仅关系到社会安全(这一点也是大量文献过度强调的),更涉及社会公正这个构建和谐社会的重要因素。

4.2.5 其他贫困群体

城市化的过程中,包含着城市规模的扩大和城市人口的增加。其中一个新生的城市贫困群体就是,由于城市扩建而被征用土地的农民(包括由于工程移民而进入城镇的农民)。

对因土地被征用而实现“农转非”的具体规模的估计有多种,从2 000万至6 000万不等。但按征用土地量和农民人均土地量的保守估算,目前全国有约4 000万的农转非人员。[②] 同时,随着城市化进程的加快和城市化水平的提高,转型过程中将产生越来越多的失地农民。按照《全国土地利用总体规划提要》,2000年到2030年的30年间,我

---

① 2005年10月26日《法制日报》报道,公安部于2005年就开始研究进一步深化户籍制度改革的意见,拟取消农业、非农业户口的界限,探索建立城乡统一的户口登记管理制度。上海、浙江等一些经济发达的地区已经开始不同程度地推进了户籍改革。

② 参见苏新:“为失地农民提供制度保障”,《中国改革报》2005年12月23日。

国占用的耕地将超过 5 450 万亩,失地或部分失地的农民将超过 7 800 万。①

迁徙至城市中的失地农民具有与原常住城市居民不同的特点,他们虽然拥有城市居民的“合法身份”——城市户口,但他们因失去土地并迁徙到城市而被迫改变了自己的生活方式。他们所得到的补偿往往并不充足,且鲜有在城市工作的技能。同时,由于制度、政策的漏洞,他们常常被排斥在制度外,他们因此被“边缘化”而成为“种田无地,上班无岗,低保无份”的城市新“三无人员”。他们的贫困也成为转型期中国城市贫困的特殊性表现之一。

除此以外,城市贫困群体中还包括街头流浪儿童、乞丐以及被贩卖妇女和儿童等社会弱势群体。

4.2.6 小结

与计划经济时期中国城市贫困人口的构成不同,在转型时期,“三无人员”仅占城市贫困人口总数的很小部分。以国有企业下岗失业人员、离退休人员以及在职职工、城市移民为主体的城市贫困群体作为人们所不期望的转型副产品出现了。国有企业成为新贫困人口的重要来源:贫困的下岗失业人员、在职职工、离退休人员,他们大都来源于国有企业。这一部分也构成了政府认定的城市贫困人口的重要组成部分。城市移民作为城市化过程中的必然现象和结果,更高的贫困发生率以及依然庞大的贫困规模,使他们成为不可忽视的贫困群体。然而即便如此,相对于“土著”城市居民,他们的贫困问题却尚未引起足够关注。

① 参见刘英丽:“GDP 诱惑与失地农民”,《中国新闻周刊》2003 年第 48 期,第 26—28 页。

4.3　转型前后对贫困的认识

4.3.1 贫困的存在观

当无产阶级刚刚夺取政权时，对于中国共产党来说，贫穷被认为是国民政府腐朽统治、资本主义经济发展和思潮影响下不良的生活习惯等因素共同作用的结果。在社会主义社会中，可以通过公有制等多种措施摆脱贫困。这一实践的理论依据出自马克思主义经典作家的经济学说。马克思在考察资本主义发展初期工人阶级生活状况和对资本积累进行理论分析时指出，资本主义生产方式、失业现象和贫困问题存在着必然的联系。在当时的意识形态下，社会主义是与旧的资本主义社会制度有着本质区别的制度，社会主义就是带着消灭无产阶级贫困的任务而诞生的。在社会主义国家，人民是国家的主人，社会救济实际上是"医治"帝国主义长期的侵略、国民党长期的反动统治和旧体制下的腐朽生活方式留下的症结。同时，对贫困国民，包括对那些丧失劳动力、贫困无依的老弱残废和流浪儿童予以救济，也是社会主义优越性的体现。人们成为国家主人的同时，需要通过工作为国家尽到应尽的义务，作出贡献。在资源短缺的条件下，自力更生和勤俭节约得到鼓励。对于那些游手好闲、不为新社会道德所允许的人只有在接受改造后才能获得社会成员的身份，进而享受到包括救济在内的保障。

20 世纪 70 年代末以后，开始承认社会主义存在贫困，它是必然的社会经济现象。邓小平重新定义了社会主义的优越性，认为社会主义的优越性不是指比资本主义富裕，不是指没有贫困，社会主义能为生产力的高速发展提供较优越的制度条件，即制度的优越性。他还指出："在落后的国家建设社会主义，在开始的一段很长时间内生产力水平不如发达的资本主义国家,不可能完全消灭贫穷。”[①]社会主义仍然被赋予了消灭贫困的任务,但承认反贫困的长期性,并且一定“要使生产力发达”。他说,“社会主义必须摆脱贫穷,社会主义的本质是富裕的”,“要建设对资本主义具有优越性的社会主义,首先要必须摆脱贫穷”。[②]

此后,虽然贫困与反贫困问题在官方、学界以及民间都开始展开讨论,然而,由于城乡社会经济制度的分割性,城市的贫困发生率大大低于农村,相比而言,甚至可以忽略不计,因此,在相当长一段时期中,贫困问题的讨论范围一直局限于农村的贫困和反贫困。政府有专门组织负责农村扶贫开发,也有专门组织对农村贫困进行调查和监测,更有农村贫困的官方标准。城市的相关领域几乎是空白的。城市贫困问题开始受到关注始于20世纪90年代初,伴随着经济的转轨,下岗、失业、保障制度漏洞、支出大幅增加等成为人们认识城市贫困的切入点。在政策文件中,虽极少提及“城市贫困”,然而不乏“下岗、失业”、“生活困难”等反映社会现象的字眼。城市贫困人口,或称城市社会底层阶级显然已经映入各界视线,贫困存在的事实得到认可。

4.3.2 贫困的表现观

承认了贫困的存在,人们开始讨论贫困的表现,即贫困的界定。

国家统计局农调总队1989年将贫困界定为“个人或家庭依靠劳动所得和其他合法收入不能维持其基本的生存需求”。国家统计局的“中国城镇居民贫困问题研究”课题组和“中国农村贫困标准”课题组1990年对贫困的界定是:贫困一般是指物质生活困难,即一个人或一个家庭的生活水平达不到一种社会可接受的最低标准。他们缺乏某些必要的

① 《邓小平文选》第3卷,人民出版社1993年版,第10页。

② 同上书,第225页。

生活资料和服务，生活处于困难境地。90年代以后市场经济得到一定发展，贫困问题成为学者关注的课题，他们论述了各自对贫困的认识，从单一的物质匮乏发展到了多维定义。其中具有代表性的有：童星、林闽纲(1993)认为，贫困不仅是指物质上的匮乏，还包括精神上的贫困。贫困是经济、社会、文化、落后的总称，是由低收入造成的缺乏生活必需的物质和服务以及没有发展机会和手段的这样一种生活状况。① 唐晓光(1995)将贫困描述为："贫困是人的一种生存状态，在这种生存状态中，人由于不能合法地获得基本物质生活条件和参与基本的社会活动的机会，以至于不能维持一种个人生理和社会文化可以接受的生活水准。"②唐钧(1997)对贫困的定义是："贫困是一种社会上客观存在的生活状况；贫困是一种社会上普遍公认的社会评价；贫困是一种由社会环境造成的社会后果。"③关信平(1999)指出：贫困是在特定的社会背景下，部分社会成员由于缺乏必要的资源，而在一定程度上被剥夺了正常获得生活资料和参与经济和社会活动的权利，并使他们的生活持续性地低于社会的常规生活标准。④ 胡鞍钢、李春波(2001)将贫困划分为三类：一是传统的收入贫困，即收入水平极其低下，不能维持正常生活；二是人类贫困，指缺乏基本的人类能力，如不识字、营养不良、较短的预期寿命等；三是知识贫困，是指获取、吸收和交流知识能力的匮乏或途径的缺乏，换言之，也就是对人们获取、吸收和交流知识的能力和途径

---

① 参见童星、林闽纲："我国农村贫困标准线研究"，《中国社会科学》1994年第3期，第87页。

② 唐晓光：《中国贫困与反贫困理论》，广西人民出版社1995年版，第2—3页。

③ 唐钧："确定中国城镇贫困线方法的探讨"，《社会学研究》1997年第2期，第62页。

④ 参见关信平：《中国城市贫困问题研究》，湖南人民出版社1999年版，第88页。

的剥夺。[1]

以上学者对贫困的认识和界定从20世纪80年代围绕物质缺乏的单一标准,发展到90年代后的物质、精神、机会、能力等综合标准,并开始关注社会价值观对贫困界定的影响。童星、林闵纲的定义基本上是物质缺乏和能力缺乏的统一,属"缺乏说"。唐晓光的定义则围绕贫困者在物质和社会活动上遭受排斥的角度,属"排斥说"。唐钧着重从贫困的客观性、主观性认识贫困,严格地说不能称之为定义。关信平则从物质缺乏为基础、相对剥夺为结果的角度对贫困进行界定,可以说是"缺乏说"和"剥夺说"的结合。胡鞍钢、李春波的三类贫困划分也是综合了"缺乏说"、"能力说"和"排斥说"。

综上,就贫困理论研究方面,国内学者开始融入国外学者已经开创多年的领域,不过目前对贫困一般理论未见突破性贡献。就发展轨迹而言,总体上与世界贫困理论发展相吻合,且日渐与其接轨。无论是中国还是国际贫困理论界,正如皮特·阿尔科克(Pete Alcock)所言,目前还没有一个关于贫困的准确的、科学的、得到一致认可的定义。[2] 他的理由是,贫困不可避免地是一个政治性概念。或许也是由于这个原因,国内学术界更多研究绝对贫困,如标准确定等与政策相关程度很高的课题,而较少从社会剥夺与社会排斥的角度对中国贫困或城市贫困进行研究。

4.3.3 贫困的美丑观

贫困的美丑观最初可追溯到中世纪时的欧洲。由于受到宗教的影响,在教会中初来教会的人大部分都是穷人,他们被视为"圣贫者",在

---

① 参见胡鞍钢、李春波:"新世纪的新贫困:知识贫困",《中国社会科学》2001年第3期,第70页。

② Pete Alcock,*Understanding Poverty*. The Macmillan Press Ltd., 1993, p. 1.

启示录中是得胜的、致死衷心的、能够进入上帝国度的人。贫困的生活被看成是一种神圣的生活方式。基督教的生活理想是从世俗世界的名利中摆脱出来，过上禁欲的生活，乞丐生活在道德上来说不是一种“恶”，而是作为一种“圣贫”来赞赏。贫困作为“美”被追求以及作为“神圣的东西”被信仰，它作为一种积极(plus)的象征受到关注，对世俗的财富、权力、名誉没有依赖心。心里有一种超越的更高的价值存在，这种思想即“无心、无我、无私”。然而，到了中世纪的末期，禁欲的生活伦理逐渐走向衰退。1359 年，伦敦市的布告中关于“多数的贫民在浪费各种施舍物”的意思表示越来越明显，社会对施舍的批判越来越严格。

“贫困是个人懒惰所造成的，是必须克服的问题”这一观点是近代以后所强调的一种思想。近代西方社会则把贫困看做是令人厌恶的“恶”的东西，从而也就很自然地把消灭“恶贫”看做是道德上的善举。两百多年前，亚当·斯密在论述生活必需品的含义时，提到：“缺少亚麻衬衫成了不光彩和贫困的标志，在人们看来，只有品行极坏的人才会落到这种地步……”贫困在人们的心目中开始从“美”走向“恶”。虽然同为反贫困的政策，但公共救助与社会保险不同，它常常暗含着救济、贫困、堕落、失败、个人缺陷、道德缺陷和专断的管理(arbitrary administration)。①

19 世纪中叶至今，社会思想的主要潮流之一就是把贫困问题作为社会问题的中心考虑，以社会为主体来克服的方法。无论是西方还是东方国家，他们的文化中大多充满着对贫困信仰不同理论系统的混合，即正的(plus)和负的(minus)象征。

---

① See Hayakawa, *Language in Thought and Action* (New York: Harcourt, Brace and Co., 1949), pp. 1-7, for a discussion of the distinction between forms of social legislation from the viewpoint a semanticist.

在马克思的阶级与阶级斗争理论框架下分析旧中国的形势,许多人曾认为当时社会中的贫与富以及贫富差距反映了统治阶级与被统治阶级之间的对立。统治阶级利用掌握的政权和生产资料压迫、剥削被统治阶级,集中大量社会财富。其中包含的逻辑是,富人之所以富是掠夺穷人的结果,穷人之所以穷则是因为被富人掠夺。因此,富人是反动的,是“恶”的;而富裕则是肮脏的和卑鄙的。穷人是革命的、干净的,值得同情的。穷人对富人的斗争被认为是正义和合理的。当贫与富同革命性与否联系起来时,在以阶级斗争为主的社会中,富人的社会地位很低。他们也常常被认为是不被信任的群体,[①]成为政治运动的打击对象,他们及他们的后代能否参军、入党以及接受高等教育甚至专业的选择都会因此受到影响。他们因“富”而产生严重的自卑感,是为“丑”的“富”。其实,贫穷与革命性的逻辑关系早在毛泽东早年文献中就有论述。1926 年,毛泽东在《中国社会各阶级的分析》中,就将贫困程度与革命性联系,将整个社会分成地主阶级、买办阶级、中产阶级、小资产阶级、半无产阶级和无产阶级,进而判断他们的革命性,区分敌友。[②]1927 年在他的《湖南农民运动考察报告》中也提到:“没有贫农,便没有革命。若否认他们,便是否认革命。”相反,穷人因被“掠夺”,所以被认为最具革命性,因“贫”而产生“光荣感”,此时的“贫”为“善”、为“美”。

进入社会主义建设时期,由于现实的需要和意识形态的作用,贫困仍然被视为或被建构为“美”。现实的需要是战争[③]和增强国力,因而

---

① 毛泽东指出:“那动摇不定的中产阶级,其右翼可能是我们的敌人,其左翼可能是我们的朋友——但我们要时常提防他们,不要让他们扰乱了我们的阵线”,参见毛泽东:“中国社会各阶级的分析”,《毛泽东选集》,人民出版社 1951 年版,第 9 页。

② 参见“中国社会各阶级的分析”,《毛泽东选集》,人民出版社 1951 年版,第 3—11 页。

③ 这里指新中国成立后的解放战争、抗美援朝战争以及战备。

必须实行高积累低消费政策。在意识形态上，贫富差距仍然被认为是富人对穷人的剥削，与社会主义制度不相容。

直到邓小平对于社会主义本质的重新界定，在政治上为“富”“平反”后，人们的这种意识形态才开始转变。“致富光荣”成为政府鼓励民众、支持提升个人经济价值的口号，其程度之高，以至于看起来许多中国人比与他们具有同样地位的西方人更加着迷于物质上的舒适。① 事实上，致富已经成为改革时代的支配性的社会风气。② 在民众的观念中，富是个人能力和成功的标志，以富和富的生活方式为美，为追求的目标。这一思想被通俗化为一句流行的双关语，“向前看”与“向钱看”。而此时，整个民族的赚钱热情似乎是被压抑了许久后忽然迸发出来一样，人们都在努力为“光荣的富裕”而工作。政府对“富”再也没有任何歧视，鼓励并吸收那些靠合法经营的个体户、企业家加入中国共产党的队伍。而相反，除了那些天然的“不幸者”，贫或穷则是无能的表现。与过去相比，他们成为通常不被社会信任的群体。

然而在转型时期，与对富的美化与向往相对的则是人们对于富人的评价。1994 年洪大用在北京、石家庄两地调查的结果是：只有 5.3% 的人认为“很多”富人是通过正当手段致富的，14.5%的人认为“较多”，回答“不太多”和“几乎没有”的有 59.2%。在对“目前私营企业对雇工的剥削很严重”的问题上，表示“非常同意”、“同意”的比例达到68.1%。在对“目前富人的社会作用”评价中，选择“积极作用大于消极作用”和

---

① Ci，J.（1994），*Dialectic of the Chinese Revolution：From Uptopianism to Hedonism*. Stanford，CA：Stanford University Press.

② 邓晓钢、安·柯迪利埃：“致富是光荣的：当代中国增长着的期望、降低着的控制以及逐步升级的犯罪”，转引自周晓虹：《中国社会与中国研究》，社会科学文献出版社 2004 年版，第 703 页。

"积极作用小于消极作用"的比例相近,分别是24.6%和29.9%,而选择中间态度的"积极作用与消极作用各占一半"的就有40.0%。[①] 公众对富人致富的手段、剥削性和社会作用评价与他们对富和致富的看法形成了鲜明的对比。一方面,他们视富为美,而同时又开始视富人为丑(或者起码是不美),这作为转型时期颇有意味的现象之一。

4.3.4 贫困的归因观

中国转型前后不仅对贫困存在观、美丑观发生变化,贫困的归因也从个人归因倾向转向社会归因。而且,关于转型时期城市贫困的归因的主流观点是:城市贫困是"社会的产物"。[②]

然而,学者的观点与市民有所差别。1994年,在全国范围的抽样调查显示,被调查者中有69.1%的人认为贫困是穷人"自己造成的",22.4%的人认为贫困是由于"社会原因"造成的,另有8.5%的人表示"不知道"。很明显,社会公众对贫困的原因大致是个人归因论,即"责难当事人"。另外,调查还显示,与农村居民相比,城市居民虽然表现出明显的个人归因倾向,但社会归因的比例明显高一些,上述比例分别是:53.9%、35.3%、10.7%。[③] 当然,公众对贫困的个人归因和社会归因观也是随着社会环境发生变化的。在2005年的一次对于大学生贫困观的调查中显示,89.5%的被调查者不赞同"贫困者之所以贫困主要是由于他们的天赋比较低",仅有7.8%的被调查持赞同态度。73.8%的被调查者认为贫困者贫困的原因不是他们不愿意为教育付出代价,

① 参见洪大用:"中国人的贫富观",载于李强:《中国扶贫之路》,云南人民出版社1997年版,第279—281页。

② 众多学者从不同角度论述了转型时期城市贫困是如何被社会"生产"出来的(参见1.2"先行研究的到达点和局限")。

③ 这里采用的是中国人民大学社会学系1994年在北京、石家庄两地抽样调查结果,参见洪大用:《转型时期中国社会救助》,辽宁教育出版社2004年版,第51—52页。

而是他们的贫困状态限制了他们的教育支出，进而影响了他们的素质提高。65.6%的人不赞同“不肯努力、懒惰、素质低是大多数贫困者陷入贫困的主要原因”的提法。同时调查显示，54.6%的人认为“贫困的深层次原因是社会结构转型中的体制转换、结构调整和国家政策变化等”。57.3%的被调查者认为“近年来出现的城市贫困问题主要是由城市中的失业和下岗等因素引起的”。69.7%的人认为“社会保障未充分发挥应有的作用导致许多的城市人口陷入贫困状态”[①]。虽然这次调查的正式性、地域性以及对象性使得上述数据代表社会公众意见的程度不免引起质疑，但这在一定程度上说明了公众观点的变化。尤其是与1994年分文化程度对贫困原因看法的数据对比后，更能说明问题。1994年全日制大专、大学毕业以上被调查对象认为“贫困是由于个人原因”造成的比例为44.6%，认为“贫困是由于社会原因”造成的比例为42.2%，“不知道”的为13.3%。[②]

学者和公众对于贫困原因的观点的差异或许可以从两个群体的关注点得到解释。学者在对当前中国城市贫困进行分析时，总是倾向于从宏观贫困的视角和更深层次来研究问题并发表看法。当然，他们分析贫困致因时往往把社会因素和个体因素混合起来，个人因素放在最后以显示它的从属地位，辅之以贫困人口的受教育水平等为论据。而作为社会公众，他们往往将视角锁定一个个微观的贫困个体，导致贫困

---

① 调查数据来自中国社会工作网（http://www.china-socialwork.org/Articles_disp.asp? SignID=215），齐玉玲：“大学生对当前中国贫困现象的态度研究”。调查对象为山东省某高校2005年10月在校的全日制本科生和研究生。共发放问卷220份，收回有效问卷218份。其中男性127人，占总数的58.3%；女性91人，占41.7%。本科生182人，占总数的83.6%；研究生36人，占16.4%。

② 参见洪大用：“中国人的贫富观”，载于李强：《中国扶贫之路》，云南人民出版社1997年版，第285页。

的直接原因往往不是社会性的而是个人缺陷,这些直接因素会更被关注,贫困的原因就更倾向于个体归因论。不过,对于政府而言,主观上还是希望贫困的个人归因普遍存在,因为如果社会强调并灌输个人自负其责的价值观,那么这种价值观的一个潜在的社会功能就是有利于社会稳定。① 但是政府也不得不注意学者以及公众观点的变化,即综合分析学者与公众的观点,中国转型时期的城市贫困致因可以区分为主导因素和诱发因素,即中国当前的城市贫困是以社会因素为主导致因、个人因素为诱发致因的贫困。

4.3.5 小结

正如理论告诉我们的,贫困不仅是客观的贫困,也是主观的贫困。中国转型期城市贫困具有的特殊性不仅表现在贫困群体构成的变化,此为客观方面;在转型的特殊时期,对贫困认识的变化也具有自身的特点,并构成相对于计划经济时期以及其他社会的特殊性的一部分。贫困的存在方面,经历了从否认向承认的转变过程;贫困的表现方面,虽然滞后于国际贫困理论的发展,但也从贫困的物质性表现观向综合性表现观转变;贫困的审美角度,从"美贫"向"恶贫"和"丑贫"转变;贫困的归因观方面,虽然不同群体的归因取向不同(倾向于社会归因或个人归因),但是其变化的方向却是一致的,即社会性归因的倾向逐步增强。

4.4 综合评论

中国的经济体制改革目的就是解决"发展"的问题,即"发展是硬道

① 参见洪大用:"中国人的贫富观",载于李强:《中国扶贫之路》,云南人民出版社 1997 年版,第 293 页。

理”。然而,何为“发展”却是个问题。中国在很长一段时期将“发展”简单地理解为“经济发展”的狭义概念。经济政策的优先地位也随之确立起来,经济指标的提高也称为改革的目标。正如本章所述,在转型的过程中,中国经济保持了较高的增长速度。若从这个角度评价过去二十多年的市场经济转型,毫无疑问它是很成功的。它的成功就在于实现了转型最初目标——经济发展问题。

然而,中国城市贫困问题却在经济高速增长的转型时期产生了。与计划经济时期的城市贫困构成不同,转型期的城市贫困群体除了传统的“三无人员”,一部分受过一定教育、掌握一定技能的下岗人员、在业人员甚至退休人员也开始沦为贫困者。同时,生活在城市中的流动人口中还存在一个隐性的贫困群体,为政府所忽视。同样,在贫困构成方面也与西方国家不同:即西方国家的贫困者常常是那些与社会格格不入者(the social misfits)、酗酒者、无工作意愿者(the work-shy)。

“新生贫困群体”之所以落入贫困,很多学者都从不同角度分析了原因(大量先行研究作过相关分析)。然而从转型期政府政策的角度归纳这些原因,可以分为两个层次:其一,社会政策滞后于经济政策。强调经济政策和经济目标的同时,社会政策及社会发展的滞后不可避免。经济体制的转轨带动了产业结构、所有制结构以及相关就业结构的变迁,在城市化水平不断提高的条件下,长期积累的生产力与生产关系的矛盾开始显性化,诸如下岗、失业、移民、收入分配等社会问题随之产生。社会政策的滞后是使得社会问题扩大化的重要原因,也是这些社会问题集中表现为“城市新贫困”的合理解释。其二,贫困救助政策相对于其他社会政策的滞后性更是城市贫困问题扩大化的直接原因。换言之,下岗失业、离退休人员等与国有企业改革相关的贫困,从原来的个人问题单位化的解决方式,转变为单位问题社会化处理。而城市移民等至今鲜被政策惠及的贫困群体,他们的贫困则是社会问题个人化的结果。

中国转型期的城镇贫困的特殊性除了体现在转型期城市贫困群体及其致贫原因以外,主观上对贫困的认识变化,也是深入分析中国转型期城市贫困特殊性的重要部分。不仅如此,从理论上说,这种主观上的认识变化也是直接影响贫困救助政策变迁的重要因素。

首先,贫困的存在观是关于是否承认贫困的存在以及在什么范围内承认贫困的命题。政府是否采取救助以及在什么范围或人群内实施救助,在很大程度上受到这一命题的影响,甚至取决于此。

其次,贫困的表现观是关于“何谓贫困”的命题。对贫困的不同界定导致不同的救助政策。如贫困的“缺乏说”指导下的救助侧重解决“缺乏”问题,而“排斥说”指导下的救助则侧重解决“排斥”问题,实现“融入”。

第三,贫困的美丑观是关于社会对贫困的复杂的哲学判断。它不仅反映了社会及政府对贫困的态度,作为哲学层次对贫困的认识,贫困的美丑观对其他贫困观产生影响,进而影响救助政策。

第四,贫困的归因观是关于社会归因与个人归因的命题。强调社会归因是政府采取广泛政策的依据。而若个人归因占主流,则政府的责任压力就不大。

因此,贫困的存在观、表现观、美丑观、归因观以及它们的变化既是分析中国转型期城市贫困特殊性的一部分,同时也是贫困救助政策变迁的重要影响因素。

第五章 转型期城市贫困救助政策分析与评价

贫困者陷入没有外力便无法摆脱贫困的境况,这必不可少的外力就是政府作为责任主体的贫困救助。转型期城市贫困问题出现后,传统的贫困救助政策已经无法满足要求,无论从市场体制的基本要求,还是从解决社会问题、人们对于贫困认识的变化方面考察,社会呼唤新型的城市贫困救助政策的产生。转型前后的城市贫困救助政策相比,一方面具有一定的发展性,另一方面因为它的发展也是不断修正的过程,也存在一定的问题。因此,需要客观地加以分析。

贫困不同于用政策消除的东西,但反贫困始终是人们研究贫困的目的。转型期的贫困救助政策对于对抗贫困具有特殊重要的意义(如第一章所述),本部分中的一个重要任务就是分析转型期的贫困救助政策,正如托马斯·戴伊(Thomas R. Dye)等所言,公共政策研究就是去发现政府做什么、为什么做以及结果如何这三个既相互独立又相互联系的任务,亦即描述政策、确定原因和评价结果。①

---

① Thomas R. Dye & Virginia Gray, *The Determinants of Public Policy*, D.C. Health and Company Lexington, Massachusetts Toronto, 1988, p. 3.

5.1 城市贫困政策的发展性分析

社会问题处于发展变化中,就要求解决社会问题的社会政策也随之变迁。转型给中国带来的变化是多方面、多层次的,在带来城市"新贫困"的同时,城市贫困救助政策也随之发生变迁。社会转型本身就具有上升性和进步性,社会政策的发展规律亦有这样的特征,因此,相对于转型前传统贫困救助政策,当前转型期的城市贫困救助政策首先表现为其发展性。在分析当前贫困救助政策的发展性之前,首先需要做的就是描述政策。

5.1.1 现行贫困救助政策的系统结构

面向城镇贫困人口的社会救助制度实际上是以低保制度为中心的一系列制度的综合,包括廉租房、医疗、教育救助制度等各种配套制度、政策形成的一个体系(各地区发展不同,有些比较完备,有些基本没有配套的各种救助)。其中,城市最低生活保障制度是政府面向城镇贫困人口设计实施的核心制度。其他辅助救助政策以医疗救助、教育救助、廉租住房最为重要,因为各地具体政策不尽相同,这里仅就国家政策层面作一介绍。

如前所述,城市最低生活保障制度最早于 1993 年在上海开始实行。1997 年 9 月,国务院发出了《关于在全国建立城市居民最低生活保障制度的通知》(国发[1997]29 号)。1999 年 10 月,国务院《城市最低生活保障条例》(以下简称《条例》)正式颁布实施,其内容共 17 条,可归纳为以下几方面:(1)制定目的:规范制度,保障城市居民基本生活。(2)资格条件:持有非农业户口的城市居民,其家庭人均收入低于当地低保标准。(3)资格审查:家计调查,并通过一定范围的公示进行群众监督。(4)标准原则:维持基本生活所必需的衣、食、住、水电、燃煤(燃气)以及未成年人的义务教育支出。(5)补助方式:现金形式差额补助以及在就业、从事个体经营等方面必要的扶持和照顾。(6)经费支持:地方政府兜底,中央财政适当补助;鼓励社会捐款纳入。(7)管理归口:属地管理,即地方各级政府负责。(8)资格对象人权利:申请权和申诉权。(9)资格对象人义务:如实提供个人和家庭情况并及时报告收入变动,若为在就业年龄内有劳动能力且尚未就业的城市居民,应参加居委会组织的公益性社区服务劳动。(10)罚则:管理审批人员违规将受到行政处分和追究法律责任;对低保对象欺瞒行为进行罚款。

当然,城市低保制度的涵盖内容也绝不止《条例》之规定,国家层次上的有《国务院关于在全国建立城市居民最低生活保障制度的通知》、《国务院办公厅关于进一步加强城市居民最低生活保障工作的通知》等。

医疗救助是社会救助体系中的重要组成部分之一。它并不是切断病贫循环的治本之策,而是保障贫困者生命安全的安排。从 20 世纪 90 年代开始,城市贫困人口剧增,在城市就业结构变动以及城市公费医疗制度改革的背景下,一些地方政府开始酝酿医疗救助政策,并以下发文件或地方立法的形式开展医疗救助。救助对象是贫困人口或重点优抚对象(一般包括低保对象、特殊救济对象)中的疾患者。救助方式也各有不同:医疗减免、专项补助、医疗救助基金、团体医疗救助、慈善救助。2003 年初《国务院办公厅转发国家经贸委等部门关于解决国有困难企业和关闭破产企业职工基本生活问题若干意见的通知》(国办发[2003]2 号)要求,“各地政府在扩大医疗保险覆盖面的同时,要尽快通过建立社会医疗救助制度,对暂时无力缴费、没有参加医疗保险的困难企业职工,提供必要的医疗救助”。2003 年 7 月,《民政部办公厅关于建立城市医疗救助制度有关事项的通知》(民办函[2003]105 号),要求在组织专门调研、认真做好建立城市医疗救助制度试点的各项准备工作基础上,探索建立城市医疗救助制度。医疗救助由民政部牵头,地方各级民政部门组织负责医疗救助制度。

区别于其他救助项目,教育救助的主要对象是贫困家庭的在学子女。教育对于社会阶层流动、走出贫困的代际循环具有重要意义。然而,20 世纪 80 年代中期以后开始了教育体制改革的历程。90 年代,在建立"与市场经济体制相适应的教育新体制"①的指导下,城市居民家庭平均教育消费支出持续攀升,对于许多城市贫困家庭来说,子女的教育成为家庭中一项重大开支,不得已之时也是最容易被取消的项目。这种情况对于防止贫困的代际转移极为不利。1999 年 6 月,《教育部、财政部关于进一步加强高校资助经济困难学生工作的通知》(教财[1999]7 号)中,将落实高校资助经济困难学生政策、做好资助工作提升到了"体现社会主义制度优越性,维护学校稳定和社会安定"的高度,通过勤工助学、贷款、补助、学费减免等政策实施教育救助。同时,还特别提到,要执行《关于加强国有企业下岗职工管理和再就业服务中心建设有关问题的通知》(劳社部发[1998]8 号)精神,对"生活特别困难的下岗职工子女"学费实行减免。2001 年 9 月,《教育部、财政部、国务院扶贫开发领导小组办公室关于落实和完善中小学贫困学生助学金制度的通知》(教财[2001]17 号)要求各地设立中小学贫困学生助学金专款,用于抵减贫困学生的杂费、课本费以及补助寄宿制贫困学生生活费等项目。助学对象按照"民主、公平、公开"原则评定。

---

① 参见 1993 年 2 月中共中央、国务院印发的《中国教育改革和发展纲要》。

廉租住房是政府向低收入家庭和其他需保障的特殊家庭提供租金补贴或以低廉租金配租的普通住房，廉租住房具有社会救助性质。它的产生依然离不开城市住房制度的市场化改革。从 1994 年《国务院关于深化城镇住房制度改革的决定》开始，城市居民的住房逐步通过市场而不是单位来解决。但是，城市低收入家庭较低的支付能力无法满足住房需求。在 1998 年《国务院关于进一步深化城镇住房制度改革，加快住房建设的通知》提出了建立专门针对城市困难家庭的廉租住房的要求，并在若干城市进行试点。1999 年 4 月，《城镇廉租住房管理办法》（建设部第 70 号令）的出台使得廉租住房政策开始在全国推广。这一办法规定，廉租住房的救助对象是"具有城镇户口的最低收入家庭"（由地方政府认定）。按照规定的申请程序实行审批制度，各地房地产行政主管部门负责实施方案设计、管理和审批工作。在实际操作中，各地廉租住房的受益对象一般是城市低保对象，辅之以人均住房面积低于规定标准的条件（即"双困"户）。有些地区（如北京市）还将一些特殊对象，如重点优抚对象家庭纳入其中。而救助方式除了提供实物住房外，还可以以租金补贴、租金减免的形式实行救助。

城市救助体系中还有生活补贴（如取暖补贴）、法律援助等其他救助内容，各地具体规定差异较大。这些救助项目都锁定城市贫困人口及特殊困难人群。截至目前，中国政府没有提出除低保标准外政策认定贫困的标准，因此，城市贫困人口的认定大多以此为准，形成了以低保标准为核心的城市贫困救助体系。就目前城市贫困救助政策体系中各项目的管理体制而言，还属于各部门分别管理，如教育部门主管教育救助、司法部门主管法律援助、建设部门主管廉租住房等。除了贫困救助政策，政府还配以其他反贫困社会政策。另外，对低保户和其他困难家庭,各地方政府也与工会、企业开展了“送温暖”活动,即对有特殊困难者提供补充性救助,在重要节日提供现金或实物的补充救助,这是一种非制度化的救助形式。

现行城市贫困救助政策系统如图 5-1 所示:

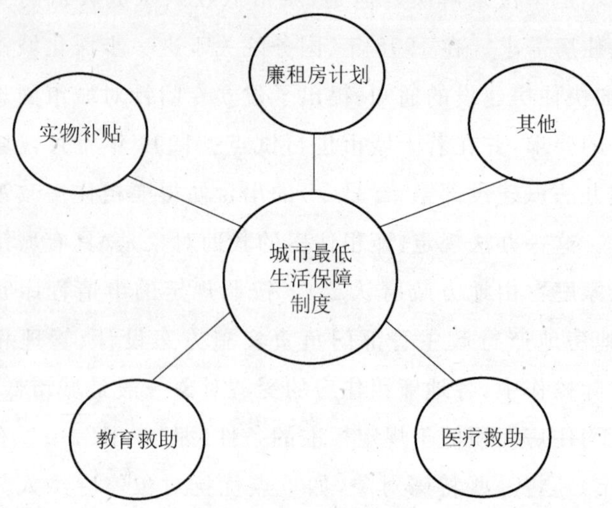

图 5-1 现行城市贫困救助政策系统

以北京市一个三口之家的低保户为例:2005 年,北京市最低生活保障标准为 290 元/人·月,其家庭月保障额即为 290×3=870 元。同时可以申请享受子女教育费用的减免、供暖补贴等十项保护政策。如果其家庭月收入为 500 元,则政府给予每月 370 元补贴;如果月收入为 1 000元,即超过人均低保线,则不能享受低保政策。同时这个家庭一般来讲也无法享受到其他救助项目。

5.1.2 发展性的表现

最低生活保障制度的创建是城市贫困救助政策转型的重要标

志，从其发展历程可以探寻城市贫困救助政策的发展性。表 5－1 列出了在最低生活保障制度建立、发展过程中的重要事件。从时间表中可以发现，从这项制度在地方政府创建，到全国有组织地部署经历了四年的时间。在此后两年，作为代表着规范化和法制化的《城市居民最低生活保障条例》出台，同时全国在 668 个城市和 1 638 个县政府全部建立了低保制度。此后三年时间，将享受低保制度的人数从 281 万扩大到了2 000多万人。政府对低保制度的决心和态度可见一斑，甚至超过了学者的估计。[①] 相对于传统城市贫困救济政策，现行的以低保制度为核心的贫困救助政策在如下方面取得了一定的发展（见表 5－2）。

表 5－1　最低生活保障制度建立与发展的重要事件与意义

时间	重要事件	意义
1993 年	上海发布了《关于本市城镇居民最低生活保障线的通知》	制度由地方政府首次创建

① 刘伟能等曾于 1995 年在《建立中国城市居民最低生活保障线制度的研究报告》中建议，分四阶段将最低生活保障制度在全国推行，具体的时间表是：第一阶段，从当时到 1997 年底，先在各直辖市、省会城市和计划单列市建立这项制度。并可考虑配合试点，在试点城市建立这项制度。第二阶段，1997—2000 年，配合《社会救济法》的出台，使这项制度规范化并在中国所有 50 万人口以上大中城市建立最低生活保障线制度的雏形。第三阶段，2001—2005 年，争取全国有可能建立最低生活保障线制度的城市（80％的建制市）都建立这项制度。第四阶段，2006—2010 年，争取使这项制度覆盖城市中的所有非农业人口（如果届时还有这种区分的话），有可能的话可以扩大到全国所有的非农业人口以及长期生活在城市（譬如五年或十年以上）的农业人口。参见刘伟能等："建立中国城市居民最低生活保障线制度的研究报告"，《中国社会工作》1995 年第 6 期，第 13 页。

1994 年	民政部召开的第十次全国民政会议上,提出了在城市要逐步按照城市居民最低生活保障线进行救济的改革目标	得到主管部委的肯定
1995 年	民政部在厦门和青岛分别召开全国城市最低生活保障线工作座谈会,号召推向全国	有组织的号召和推广
1997 年	最低生活保障制度得到了中央的肯定,并将"建立城市最低生活保障制度"的思想写进了《国民经济和社会发展"九五"计划和 2010 年远景目标纲要》	得到中央的肯定
1997 年	国务院颁发了《国务院关于在各地建立城市居民最低生活保障制度的通知》	制度开始在全国范围内建立并开始有组织地部署
1999 年	国务院颁布了《城市居民最低生活保障条例》	法制化道路的开始
2000 年	民政部发出《关于深入贯彻〈城市居民最低生活保障条例〉,进一步完善城市居民最低生活保障制度的通知》	细节完善,如规范制度、应保尽保、三条保障线衔接、提高管理水平等
2001 年	国务院发出《国务院办公厅关于进一步加强城市居民最低生活保障工作的通知》	强调属地管理,加大财政投入,建立健全法规制度
2002 年以后	各地完善规章和细则	探索规范化运作,分类施保,逐步提高标准,完善制度

资料来源:本表根据民政部提供资料整理而成。

表 5－2　传统城市贫困救济政策与当前贫困救助政策对比

	传统城市贫困救济政策	现行城市贫困救助政策
对象	城市社会困难户（“三无人员”，即无劳动能力、无依无靠、无生活来源的孤老残幼；没有固定职业、固定收入的困难户以及因死亡、遭受灾祸等突然事故致使生活困难的居民）、精简退职老职工和中共中央、国务院文件规定的特殊救济对象	家庭人均收入低于当地最低生活保障标准的非农业户口的城市居民，主要包括：传统“三无人员”；领取失业救济金期间或失业救济期满仍未能重新就业并满足条件的失业人员；领取工资或最低工资、基本生活费的满足条件的在职人员；领取退休金的满足条件的退休人员
对象确定方法	领导掌握与群众民主评议相结合，依靠群众摸清情况，民主评议，领导审查，政府批准，张榜公布	财产和收入调查：入户调查、邻里访问、信函索证等方式，张榜公布、举报等群众监督方式
标准	无统一的救济标准，总的救济标准的原则是，根据本地具体情况，既要考虑国家财政的承受能力，又要保障救济对象的基本生活，而且还要有一定时期的稳定性，不能随意变动	各地政府自行确定并实行差额发放，原则是保障基本生活，有利于克服依赖思想，结合当地基本生活必需品费用和财政承受力
项目	社会福利院集中供养；定期救济（只对那些全部或大部丧失劳动能力的孤老，主要劳动力无固定职业长期患病或伤亡，又无固定收入的对象）；临时救济；治病救济（根据“救急救命，重点补助，自行就医”的原则）	集中供养；最低收入保障；临时救济；医疗救助；廉租住房等（各地政策不同）
手段	房屋救济、口粮救济、衣被救济、现金救济、以工代赈及其他实物救济	以现金为主

层次	以中央和地方文件规定为主	国务院法规、规章和各地行政规章、文件
其他	城市生产自救,即民政部门组织城市中无依无靠的、无固定收入的、有劳动能力但生活有困难的人进行多种生产活动,是城市社会救济工作的中心环节	帮助下岗失业职工获得就业机会的促进就业以及税收减免等扶持经营政策

资料来源:根据相关政策文件整理。

5.1.2.1 制度形式的发展

计划经济时期的城市济贫政策几乎都是以中央、部委文件、函件及复函的形式下发的,这些文件包括:

经费管理方面:《民政事业费使用管理办法》(1984 年 7 月 6 日)。

特殊救助对象方面:《民政部关于精简退职老弱残职工生活困难救济若干问题的解答》([65]内发字 18 号,1965 年 9 月 9 日),《国务院关于精简退职的老职工生活困难救济问题的通知》([65]国内字 224 号,1965 年 6 月 9 日),《中共中央、国务院批转公安部〈关于释放和安置原国民党县团以下党政军特人员的方案〉的通知》(中发[1982]8 号,1982 年 1 月 28 日),《最高人民法院、公安部、民政部、国家劳动总局关于安置平反释放后无家可归人员的通知》([80]法研 6 号,[80]公发劳 61 号,[80]民城 28 号,[80]劳总计 75 号,1980 年 3 月 29 日),《国务院批转国务院侨务办公室、公安部〈关于对刑满释放、解除劳教后留劳改单位就业的归侨处理意见的报告〉》(国发[1980]239 号,1980 年 9 月 15 日),《民政部、财政部、国家劳动总局关于国营农牧场和劳改农场精简退职的老弱残职工是否由民政部门办理原标准工资百分之四十救济问题的批复》(民发[1979]51 号,[79]财事字 278 号,[79]劳总险字 7 号,

1979 年 8 月 24 日),《全国供销合作总社、内务部关于供销合作社精简退职老职工生活困难如何救济的函》(1966 年 5 月 13 日)等。

关于救助内容及其他方面:民政部、财政部《关于调整抚恤和救济标准有关问题的通知》([1985]计 16 号,1985 年 3 月 7 日),《民政部财政部关于由民政部门定期发放生活费供养的优抚、救济对象给予生活补贴的通知》(民[1985]计 44 号,1985 年 6 月 29 日),《财政部、内务部、卫生部关于贫困群众医疗减免经费开支的问题的函》(财文行字第 308 号,内午字第 46 号,卫发字第 138 号,1962 年 7 月 28 日),《内务部关于适当提高散居在城市和农村的归国华侨的救济标准的通知》([62]内城字第 65 号,1962 年 7 月 7 日),《内务部关于因病或非因公死亡的企业职工遗属生活困难问题的复函》([63]内优局字第 335 号,1963 年 10 月 22 日),《内务部城市社会福利司关于城市社会救济工作几个问题的解答》(1962 年 2 月)。

当前城市贫困救济政策则是以《城市居民最低生活保障条例》(国务院第 271 号令,1999 年 9 月 28 日)为核心的一系列中央文件和部门规章构成的。包括:

关于最低生活保障制度方面:《关于在全国建立城市居民最低生活保障制度的通知》(1997 年 9 月 2 日),《国务院办公厅关于进一步加强城市居民最低生活保障工作的通知》(国办发[2001]87 号,2001 年 11 月 12 日)等。

关于廉租住房方面:《城镇廉租住房管理办法》(建设部第 70 号令,1999 年 4 月 22 日),《城镇最低收入家庭廉租住房管理办法》(建设部、财政部、民政部、国土资源部、国家税务总局第 120 号令)等。

关于医疗救助方面:《民政部办公厅关于建立城市医疗救助制度有关事项的通知》(民办函[2003]105 号,2003 年 7 月 9 日)。

关于教育救助方面:《教育部、财务部、国务院扶贫开发领导小组办公室关于落实和完善中小学贫困学生助学金制度的通知》(教财[2001]17号,2001年9月24日),《关于进一步做好城乡特殊困难未成年人教育救助工作的通知》(民政部、教育部民发2004[151]号文件)等。

关于司法救助方面:《司法部关于开展法律援助工作的通知》(1997年5月20日)。

从政策形式的发展上看,《城市居民最低生活保障条例》的颁布标志着城市社会救助开始走向法制化的道路。社会救济的规范性得到提高,救助工作中的不确定性大大降低。同时,贫困救助政策从以救助对象为内容,向以救助项目为内容发展,救助逐步从单项向综合性发展的趋势日渐清晰。

5.1.2.2 救助对象和标准的发展

计划经济时期,也就是中国社会转型前,城市贫困救济的对象以"三无人员"为主,享受救济尤其是定期救济的人数极为有限。1992年,得到国家定期定量救济的城镇困难户人数只有19万人。1994年国家对城市社会散居孤老残幼的定期定量救济标准为585元/人·年,对困难户的定期救济标准为421元/人·年,对40%精简退职职工救济标准为472元/人·年,分别相当于城市居民平均支出的18.5%、13.3%和14.9%。而临时救济标准则只有8元/人·次。[①] 1997年《国务院关于在各地建立城市居民最低生活保障制度的通知》发布后,将救助对象扩大为一切低于既定标准的贫困人口,划分为"三无人员"、下岗失业人员、在职人员、退休人员以及他们的家庭成员。救助对象范

① 参见中国城市社会救济改革研究课题组(孙宁执笔):"中国城市社会救济对象和救济金支出动态分析",《社会工作研究》1995年第6期,第26页。

围的内涵和外延被大大扩大了。1999 年《城市居民最低生活保障条例》颁布后的次月月底，接受救助的对象就比 1992 年增加了几乎 15 倍，达到 282 万人。之后的几年中，随着“应保尽保”方针的提出和贯彻以及标准的提高，被保护的城市贫困居民数量逐年上升。截止到 2002 年 7 月 10 日，民政部宣称全国有 1 930.8 万城市困难居民领到了最低生活保障金，至此初步实现了“应保尽保”目标。2003 年，城镇居民最低生活保障人数为 2 246.8 万人，临时救济人数为 348.3 万人次。自 2003 年至 2005 年，低保对象的数量一直稳定在 2 200 万人左右。与转型前相比，不仅是受到保护的贫困人口大大增加，补差的标准也大大提高。原来的“三无人员”享受全额标准救助，其他救助对象享受差额救助。从 36 个城市的设定标准看，月救助标准在 156－344 元之间，低保对象的平均补差标准在 2006 年 1 月份也达到了 78 元/人·月。

在救助对象的目标定位方面，已经从传统贫困救济的边缘化选择（即有无劳动能力、有无家庭、有无收入来源的判断）发展为一定范围内的无差别平等（即在城镇非农业户籍人口范围内均有申请权利）的选择。社会最后安全网的覆盖面得到扩大，标准得到提高，很大程度上缓解了社会底层群体的贫困状况。

5.1.2.3 救助项目和救济手段的发展

享受救助贫困者较转型前有相当的转变和增长，救助措施和形式亦是如此。在项目上，除了被列为社会福利事业的福利院集体供养，即院内救济外，院外济贫从单一的定期款物救济，逐步向以生活扶助为核心，包含医疗、住房、教育等其他辅助救助政策的城市贫困救助体系发展。

传统城市贫困救济政策中规定，针对城市困难户的救济有定期救济和临时救济。前者只针对那些全部或大部丧失劳动能力的孤老,主要劳动力无固定职业、长期患病或伤亡,又无固定收入的对象,救济手段以现金救济为主。临时救济则是针对遭受突然事故而导致生活特别困难的家户,采取款物结合的形式,以实物救济为主,其中包括口粮救济、衣被救济、房屋救济、以工代赈和其他实物救济。另外,虽然文件中也有针对困难户的疾病救济、教育救济等方面的规定,如医疗费的减免、学费、书本费的减免等,但范围极为有限。当城乡困难户遭遇疾病时,原则是"救急救命,重点补助,自行就医"。根据困难户的经济情况和国家财力的可能,在个人和所在社、队确实解决不了的情况下,通过群众评议,领导批准,国家可给予适当补助,以保证困难户的疾病得到应有的治疗。①

与传统救济政策相比,最低生活保障制度实际上是稳定性更强的、以现金形式为基础的生活扶助。其他项目,如医疗救助、教育救助、廉租住房等,开始逐步被政策制定者纳入考虑范围,有的已经开始实施以现金为主,包括实物、服务等多种手段共同满足贫困者的需求。临时性质的济贫也开始多样化发展了,城市地区的街道、企业或行业工会、各级政府都纷纷开展"送温暖"活动,在节假日也组织提供服务。

5.1.2.4 行政体系的发展

近年来,随着城市低保制度的发展,管理机构的设置也发生了一些新的变化。自 1978 年民政部成立以来,城市贫困救助的工作开始逐步恢复。民政部城市社会福利司作为主管部门持续到了 1988 年的又一

---

① 《民政部关于城乡困难户治病医疗费减免问题的复函》(向广西壮族自治区民政局)中提到,要执行 1954 年《关于民政部门与各有关部门的业务划分问题的通知》、1962 年《关于贫困群众医疗减免经费开支的问题》、1974 年国务院科教组、卫生部、财政部《关于卫生事业计划财务工作中若干问题的意见》等文件的精神。

次国家机构改革，这次改革中民政部共设立14个司，城市贫困救助工作与农村救助工作统一并入救灾救济司，并与社会福利事务分开管理。自此以后虽然民政部内部也经历了若干次部门职能及设置的调整，但救灾救济司作为城市及农村的贫困救助行政管理部门，持续16年未变。救灾救济司的业务范围除了城乡贫困救济管理，还有灾害救济、农村五保和敬老院、农村扶贫扶优管理工作。2004年，最低生活保障司作为专门主管最低生活保障及相关的生活救助方针、政策和规章的拟定、监督、实施和管理的部门，从救灾救济司分离出来了。最低生活保障司下设城市处、农村处和综合（信息）处。

随着中国城市社会转型，救助的需求、政策定位的转变不断推进城市贫困救助行政管理体系的发展。民政部下设最低生活保障司的同时，各省、市、县以及乡的相关行政职能部门也都在逐步探索机构改革，以适应城市贫困救助的发展。

辽宁、吉林、黑龙江、云南、湖南、陕西等省，在省、市、县三级民政部门都分别设立了相应的低保管理机构，具体负责本行政区域内城市居民最低生活保障的管理工作。机构设置的改革大致上有三种模式：一是在民政厅、局中增设行政机构，一般称为城市居民最低生活保障管理处（省级、副省级）、科（地市级）或股（县级），如辽宁；二是在民政厅、局之下设事业单位，一般称为城市居民最低生活保障管理服务中心，如黑龙江；三是既设行政机构，又设事业单位，如吉林。[①] 管理体系如图5-2所示。

① 参见唐钧："2002年城市居民最低生活保障制度的'跳跃式'发展"，中国网，http://www.china.org.cn/chinese/zhuanti/250793.htm，2002年12月23日。

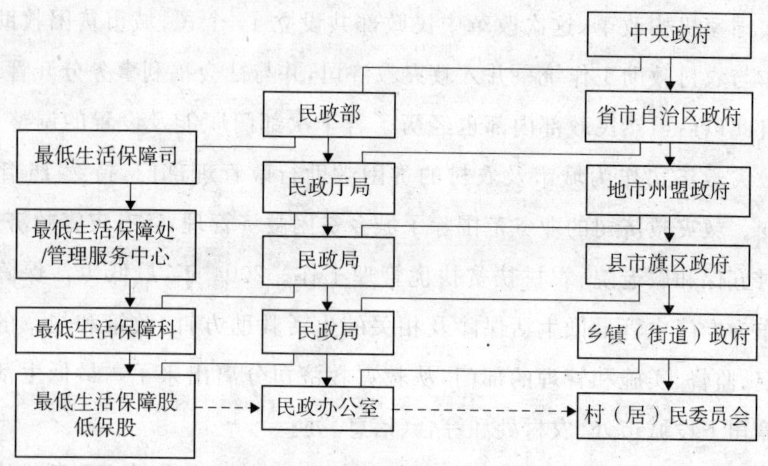

图 5-2 城市贫困救助管理体系示意图

从现行城市贫困救助管理体系的发展变化来看,城市贫困救助工作逐步同救灾等其他相关救助区别开来,朝着更加专业化、规范化的方向发展。行政体系的发展变化也为城市贫困救助工作其他方面的发展奠定了组织基础。

5.1.2.5 经费支持的发展

计划经济时期,国家对城市贫困救济实行国家、社会和企业共同参与的方针。在救济制度转型刚刚开始的1994年,社会救济金支出总额约为6.93亿元,其中国家支出0.57亿元,集体支出0.18亿元,企业支出6.18亿元,分别占支出总额的8.2%、2.6%和89.2%(参见图5-3)。国家对城市贫困群体的救济支持一般只针对散居孤老残幼、少部分社会困难户(1994年约有10%的群体享受国家定期救济)、精简退职困难老职工,支出金额比例分别为38.9%、42.1%和19.0%。[①] 对

① 参见中国城市社会救济改革研究课题组(孙宁执笔):"中国城市社会救济对象和救济金支出动态分析",《社会工作研究》1995年第6期,第22—26页。

于在职职工的救济由企业进行。1993 年上海开始实行最低生活保障线制度，国家开始逐步加大对在职困难职工的救济，明确规定了在职困难职工的救济在单位及其主管部门解决不了的情况下，民政部门给予解决。"谁家的孩子谁抱走"的资金分摊方式虽然没有摆脱传统救济的观念，但一定程度上说明了政府开始逐步参与到在职困难职工的救助中。1997 年《国务院关于在全国建立城市居民最低生活保障制度的通知》中指出，"实施城市居民最低生活保障制度所需资金，由地方各级人民政府列入财政预算，纳入社会救济专项资金支出科目，专账管理……目前最低生活保障资金采取由财政和保障对象所在单位分担办法的城市，要逐步过渡到主要由财政负担的方式上来"。城市贫困救济政策开始强调由政府全部负责。这一规定后来在《城市居民最低生活保障条例》中得到确定(《条例》第五条之规定)。财政转移支付制度为城市贫困救助提供了稳定、可靠的基础保证。

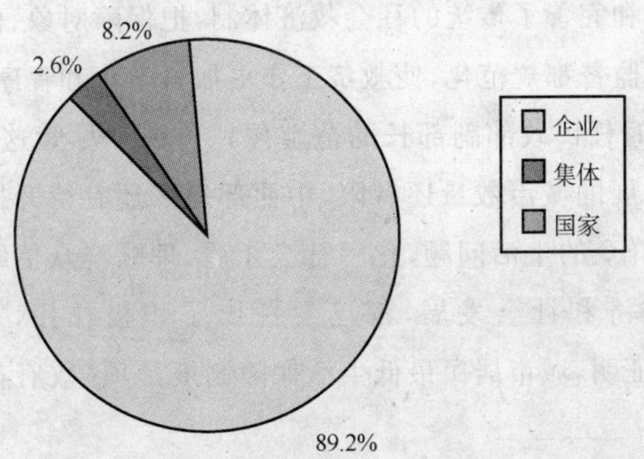

图 5－3　1994 年城市贫困救济金支出来源结构

以上是从政策层面分析了城市贫困救助政策的发展。事实上，要全面理解一项社会政策，不仅要描述客观事实，综合分析来自多角度的主观感受和评价也十分必要。政府、学者以及贫困救助政策的利用者是城市贫困救助政策的直接参与主体,他们的主观分析和评价对于全面了解政策的社会效果无疑是十分重要的。

考察学者对城市低保制度的观点,总体来说,在制度的创建时期,1999年以前的文献一般偏重于分析低保制度产生的历史意义、发展性或进步性,如建立完善低保制度是“市场经济发展的需要”,是“社会保障改革的需要”,是“保障人民生活的需要”,“维护社会稳定和促进社会发展的需要”。[①] 而在制度发展时期,大量文献分析了现行政策制度过程的缺陷。

1996年,时任民政部部长的多吉才让评价最低生活保障制度时说,“从已经实施这项制度的城市看,其社会效果十分明显。它突破了原来民政救济对象的范围,社会救济覆盖面扩大到全部贫困居民,使新增的城市贫困人口也都得到了基本生活保障,缓解了社会矛盾,维护了社会稳定,进一步密切了党和政府同人民群众的关系。同时,这一制度的建立,改革和完善了传统的社会救济体制,把保障对象、保障标准、资金来源、管理监督都规范化,使救济工作更加科学化和程序化”[②]。

1997年时任民政部副部长的范宝俊评价说,“尽管这项制度实施时间不长,开展的城市数量还有限,中西部地区还有待开拓,但对于解决城市困难群众的生活问题,化解社会矛盾,理顺群众情绪,维护社会稳定,促进经济和社会发展,都已发挥出了积极作用,社会反响很好。”[③]“事实证明,城市居民最低生活保障制度是项‘政府花钱不多、社

① 刘伟能、孙士杰、唐钧、朱勇:“建立中国城市居民最低生活保障线制度的研究报告”,《社会工作研究》1995年第6期,第6页。

② 陈雁、翟启运:“推进中国城市居民最低生活保障线——访民政部部长多吉才让”,《时代潮》1996年第7期,第6页。

③ 毛健生:“利国利民的凝聚力工程——范宝俊副部长就城市居民最低生活保障制度建设答本刊记者问”,《中国民政》1997年第3期,第4页。

会效益良好'的政策措施，既完善和发展了传统的社会救济、救助制度，又有利于缓解社会矛盾，促进社会稳定。"①

2004年时任民政部副部长的杨衍银评价低保制度的实施情况，认为"城市低保制度的成功实施，有效保障了贫困人员尤其是特困职工的基本生活，体现了中国社会主义制度的优越性和中国政府全心全意为人民服务的根本宗旨，完善了中国的社会保障制度，促进了经济体制改革，特别是国有企业改革的顺利进行，维护了社会稳定"②。她也承认，当前城市低保制度存在一些问题，如规章制度的完善、管理的规范化以及其他有关医疗、教育、住房等救助项目的综合性社会救助体系的建设问题。

对于城市贫困群体的生存状态和受助者的主观感受，唐钧等于1998—1999年对上海、武汉、天津、兰州和重庆五座城市2 354户贫困家庭进行了问卷调查，对247户家庭进行了个案访谈，2000—2001年又对沈阳、蚌埠、西宁、贵阳和大连的34户家庭进行了个案访谈，在此基础上，分析了他们的生存状态与社会剥夺和社会排斥的关系。调查显示，武汉、天津、重庆和兰州四座城市中有40%—70%(最高为武汉67%，最低为兰州44%)的贫困家庭"觉得低保金不能保障最低生活需求"，而且有时还不能足额领取。从贫困群体的主观感受看，除了鳏寡孤独人员外，大多对目前生活状况的满意度是比较低的。③

学术界、政府和利用者(穷人)对低保制度的评价的差异性是显著

① 毛健生："利国利民的凝聚力工程——范宝俊副部长就城市居民最低生活保障制度建设答本刊记者问"，《中国民政》，1997年第3期，第6页。

② 杨衍银："中国城市居民最低生活保障制度实施情况"，《劳动保障通讯》2004年第10期，第20页。

③ 参见唐钧：《中国城市贫困与反贫困报告》，华夏出版社2003年版，第173—217页。

的。唐钧分析了他们对贫困群体界定的差异性的逻辑，认为原因来自于他们各自社会职责的差异性以及与贫困救助政策的距离的差异。贫困救助政策的利用者距离政策最近，对政策的感受也最为真实；政府是政策的制定者、决策者和管理者，虽然也不排除它们作为开明政府而作出的客观评价，但在三者中政府对政策的评价无疑是最值得怀疑的。而学者，既参与方案的设计，有时又深入到政策利用者中，他们充当的是社会现象的观察者以及社会思想的评论者的身份，堪称是最理性的评价者。

5.1.3 小结

现行的城市贫困救助政策是以中央政府主导的城市最低生活保障制度为核心，地方政府自行安排的包括医疗、教育、廉租房等救助项目的综合救助体系。随着经济以及社会的全面转型，城市贫困问题的产生和发展，城市贫困救助政策也开始转型。与计划经济时期的救助政策相比，在政策的表现形式、政策实行的对象、政策发展的项目及实施的手段、政策的行政管理体系以及政策的经费支持等方面，当前的贫困救助政策都有了很大发展，这种发展性是应当肯定的。

5.2　转型前后城市贫困救助政策选择的影响因素分析

几乎所有的国家都存在某种形式的公共救助，也客观地存在一些关于国家和地方用于公共救助的准则，[①]也就是说，理论上应该有多个因素可以在一定程度上解释救助政策。这些变量包括公共救助的需

① Peter S. Albin and Bruno Stein, "Determinants of Relief Policy at the Sub-Federal Level," *Southern Economic Journal*, Vol. 37, 1971, p. 445.

求、纳税人提供救助的意愿、经济发展水平、国家福利认同、党派等。[①]救助反映的是在任何特定时间内社会观念(即贫困观)、社会能力(即财力与人力)以及欲望(即缓解贫困)之间的平衡。在现有研究文献中,较少有专门针对济贫政策选择影响因素进行分析的相关成果,关于这些影响因素大多作为反贫困政策的论据或佐证"镶嵌"在其他角度(如社会福利、社会政策等领域)的分析中。归纳起来,主要有下面几个因素可以解释中国转型期前后政策演进的过程。

5.2.1 社会因素

在众多影响社会保障制度的因素中,社会因素或许是一项基础性的影响因素。[②] 社会问题的变异性是社会政策的直接原因。社会问题之所以有着变异性,一是由于导致社会问题现象产生、存在的环境因素或原因因素发生变化,从而引起社会问题存在形式、范围及社会影响的变化。二是由于社会问题现象自身发展的规律,也可能引起社会问题存在形式、范围及社会影响的变化。[③]

具体就城市贫困救助政策的演进而言,政策之所以"变异"的首要原因是政策存在的社会环境发生变化。政策的社会环境包含经济体制和社会保障制度体系这两个密切相关的层次,也就是说,城市贫困救助政策必然需要与这两个层次的政策环境相协调。协调发展的规律也是

---

① Robert G. Mogull, "Determinants of States' Welfare Expenditures," *The Journal of Socio-Economics*, Vol. 22. 1993, p. 3.

② 参见郑功成:《社会保障学——理念、制度、实践与思辨》,商务印书馆 2000 年版,第 114 页。

③ 参见雷洪:《社会问题——社会学的一个中层理论》,社会科学文献出版社 1999 年版,第 46 页。

整个社会保障体系发展的基础。[①]

1984 年,中国城市开始了经济体制改革。自此以后,国有企业开始有了更大的经营、工资使用、用人等方面的自主权,可以破产。其他多种所有制形式的企业得到鼓励和发展,中国的产业结构和就业结构因此发生了重大变迁。当市场经济体制逐步确立起来之后,市场化、工业化和城市化的发展要求作为社会救助政策的贫困救助与之相适应。它的存在和发展首先应当满足市场经济体制的需要——通过修正市场竞争的起点和终点公平性和防止贫困的外部性来维持市场秩序。而计划经济体制下贫困救助的对象、范围、水平等都与政策所赋予的职能相去甚远。这是政策所处的体制环境变化对政策的影响。

城市贫困救助政策所处的社会保障体系环境,就是以社会保险改革为主的社会保障制度的整体改革。社会保险和社会救助是社会保障的两项主要内容,在社会保障整体结构所占的份额较大。虽然社会救助在各国的范围和定位因国、因时而异,[②]但社会救助与社会保险的协调性对于发挥其特定功能具有至关重要的作用(如图 5 - 4 所示)。考察贫困救助政策的变迁不能离开它作为社会保障体系中的一环来单独分析。

计划经济向市场经济转型的过程中,社会保障制度改革的被动性、滞后性和不完善性,使中国城市社会保障制度改革存在转型中的断裂,即出现了某些保障职能被忽略、保障对象得不到应有保障的现象,[③]漏

① 参见郑功成:《社会保障学——理念、制度、实践与思辨》,商务印书馆 2000 年版,第 159 页。

② 如在北欧国家,社会救助只是一个不起眼的补充手段;而在澳大利亚和新西兰,社会保障都建立在社会救助的原则和理念之上。

③ 参见王思斌:"当前我国社会保障制度的断裂与弥合",《江苏社会科学》2004 年第 3 期,第 207 页。

在安全网之外的群体有：下岗失业人员、被欠发退休金的离退休人员、困难企业的职工。而他们则恰恰构成了城市贫困者的主要部分。这就要求传统的贫困救助政策来弥补这一漏洞和断裂。1996年时任民政部部长的多吉才让认为："传统救济标准低，原有城市救济对象生活更加困难。新旧贫困人口构成了为数不少的城市贫困群体。由于原企业和单位无力保障新增贫困职工的基本生活，与企业改革配套的社会保障制度一时又难以健全，城市贫困群体的生活困难就成为比较突出的社会问题。最低生活保障制度在这种情况下应运而生。"①经济体制转型和社会保障制度改革是影响贫困救助政策变迁的深层次社会因素。

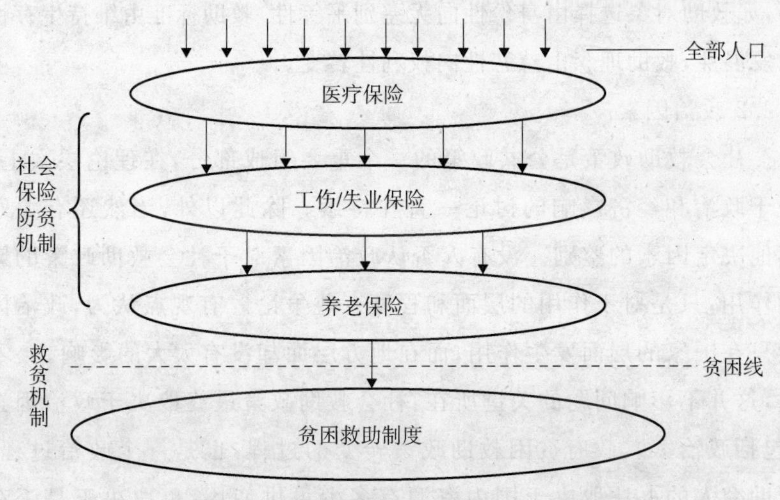

图5-4 社会保障体系中的防贫救贫示意图

其次，贫困救助政策变迁的因素是城市贫困问题的产生和发展。任何社会政策都是以特定社会问题的客观存在为基础的，而社会问题

① 陈雁、翟启运："中国城市最低生活保障线制度——访民政部部长多吉才让"，《时代潮》1996年第7期，第4页。

的存在和变化也给社会政策带来新的发展契机。城市贫困问题在整个20世纪80年代都没有发展成为社会问题,传统的贫困救助政策也可以应对零散存在的城市贫困。但是由于社会体制转型和制度等社会因素导致了城市贫困问题本身发生了变化,在贫困群体的规模、构成和程度等方面表现出了与计划经济时期不同的特征。传统的贫困救助政策对于解决新问题显得力不从心。城市贫困问题作为贫困救助政策存在的基础原因,它的变化是影响贫困救助政策变迁的直接社会因素。

除此以外,城市贫困救助政策的变迁也与其自身的发展规律性分不开。世界各国的救贫政策发展史表明,贫困救助具有自身的发展规律,如救助对象选择由身份性向无差别平等性,救助标准由维持生存性向发展性,救助理念由慈悲性向权利性转变。

5.2.2 政治因素

社会救助政策是公共政策的一个重要组成部分,在理论层次上,关于政治和经济影响的讨论一直在持续。除此以外,当然还有关于其他决定因素的鉴别。没有人否认政治因素对于社会救助政策的影响作用,只是对于作用的层面和程度有些争论。有观点认为,政治因素只在国家的层面发生作用,而在地方层面却没有太大的影响。[①] 不过,这并不影响问题的关键所在:社会救助政策最终取决于政治因素(包括政治家),政府贫困救助政策转变的过程,也是一个政治过程。帮助穷人的办法取决于国内资源有多少可供使用,也取决于是否存在相应的政治意志把资源用来缓解贫困问题。中国也不例外。贫困不可避免是一个政治性概念。[②] 政治因素影响着中国城市贫困救助政

---

① Thomas R. Dye & Virginia Gray, *The Determinants of Public Policy*, D. C. Health and Company Lexington, Massachusetts Toronto,1988, p. 215.

② Pete Alcock, *Understanding Poverty*, The Macmillan Press Ltd., 1993, p. 1.

策的发展。

从中国城市贫困救助政策演进的过程看，政治因素的影响体现在以下几个方面：

第一，贫困救助政策的目标常常与社会稳定或政权稳定的政治目标密切联系。政治稳定的目标也是政治因素影响社会救助的另一个重要表现，对城市贫困救助政策建立及发展起着至关重要的核心作用，尤其是在具有冲突性特征的转型社会（详细分析参见5.5“中国转型期贫困救助政策的理论定位”部分）。

第二，贫困救助对象的资格确定常常受到政治环境的影响。对城市贫困群体的界定常常是一种政治抉择。[①] 新中国成立后，“成分”的划分又是政治因素影响救济政策的另一例证。一个阶级成分不好的家庭或个人，纵使身陷窘境，也没有接受国家救济的资格。虽然在此之前政策上并没有将政治立场作为申请救济的条件规定，但政治立场却是分辨敌友的重要标准，在执行中的限制是当时的客观事实。而市场经济体制转轨以后，中国的工作重心从政治转向经济，政治色彩和阶级思想的弱化使贫困救助的资格条件得以放宽。能否申请到救助采取“无差别平等”的原则，即只要符合贫困的条件，均有资格申请政府救助。

第三，贫困救助的标准水平变动也会因政治事件而发生调整。有关救助标准的变动，虽然通常被认为是受到经济影响更大的问题，但是经济增长或财政支付能力并不能解释问题的全部。1999年，也就是新中国成立50周年前夕，国务院发出通知，全国城市最低生活保障标准普调30％。虽然普调30％对当时而言可能具有财政基础，但没有证据

① 参见唐钧：《中国城市贫困与反贫困报告》，华夏出版社2003年版，第96页。

显示 1999 年 10 月 1 日前经济成长与如此大幅度的调整具有必然联系。事实上,正如在分析经济因素对救助政策的影响中分析的那样,民政部门并没有足够的经费来满足一切符合新标准的贫困人口。因此,不能否认政治因素对这次标准普调的重要影响。

政治因素对社会政策的影响最为直接。由于中国是共产党执政的国家,一直奉行党的集体领导,一些属于政治因素范畴的方面,如执政党的政治目标、政治家(国家领导人)的个人主张、政党体制等,对于中国贫困救助政策变迁的影响没有明显体现。

5.2.3 价值观因素

价值观反映了人们对事物价值的取舍和权衡。而减缓贫困首先受到属于伦理道德范畴的,即对公平与效率的价值取向的约束,它至今仍为国内研究贫困问题的学者所忽视。价值观念对社会福利政策选择产生重要影响,不同的社会价值观往往选择不同的信息基础,配以不同的社会视角和偏好不同的社会政策。例如美国的 AFDC 到 TANF 的公共救助政策改革过程可以说明一个社会的主流价值观念总体性地决定着福利制度的基本模式、发展方向以及政策设计。[1]

价值观因素对贫困救助政策选择的影响是贯彻始终的。在社会公众、学者、政府层三个群体中,对政策变迁影响最为直接的当数政府观念。首先面临的问题就是,该救助谁,对一部分人(如有劳动能力的困难企业职工)该不该给予救助;其次,采取何种方式("输血"或"造血");第三,由谁(是政府还是单位,或是共同)来施与救助;第四,救助到什么程度("保肚皮"还是"保脸皮")。

---

① 参见李春成:"价值观念与社会福利政策选择——以美国公共救助政策改革为例",《复旦学报》(社会科学版)2004 年第 6 期,第 113—121 页。

政府并未来得及作出关于第一个问题的判断，就在实际工作给出肯定答复了。政府非常清晰地认识到“改革、发展、稳定”是从计划经济向市场经济体制改革的战略方针。在意识到城市贫困问题的严峻性，即威胁到改革的成功与否和社会的稳定与否时，理论上的“改革、发展、稳定”的排序到实际工作中就转变为“稳定、改革、发展”的重新排序，中国的社会救助制度或最低生活保障制度才把“有单位”的“非传统民政对象”包括进来。事实上，贫困救助政策转型时，贫困群体的确定最初并没有严格按照生活状态或收入水平，而是政府先对“城市贫困群体”进行较为粗略的界定，即从外延上，贫困群体大致包括：(1)下岗无业的职工；(2)失业人员；(3)被欠发退休金的离退休人员；(4)困难企业的职工；(5)孤寡老人和残疾人。[①] 从这个意义上说，这个对贫困的操作性定义就受到了价值判断的影响，同时也是社会政策的后果。[②] 无论如何，从政府到学者、公众，中国社会对贫困的态度从憎恶到同情再到责任。中国社会对贫困的看法正在走向理解和宽容。[③] 贫困救助政策因对贫困及贫困者价值观的改变而受到影响。

第二个判断就是关于反贫困政策的模式，即“输血”和“造血”之争。中国的反贫困是从农村开始的，也是在“效率优先，兼顾公平”的主流价值观指导下进行的。1980 年以前，为了控制极端的贫困，主要采取救济式扶贫，即国家每年向贫困地区调拨粮食、衣物等救济物品及财政补贴，通过“输血”维持贫困地区人民最基本的生活水准。1986—1989 年，是中国政府开展大规模扶贫活动时期，政府的扶贫行动中也同样渗透着效率观念。为了不损害效率，只有“三无人员”和“五保对象”才

---

① 参见唐钧：《中国城市贫困与反贫困报告》，华夏出版社 2003 年版，第 96 页。

② 同上书，第 98 页。

③ 同上书，第 258 页。

能得到定期和不定期的救济。而对其他贫困人口的扶助方针则从救济式的“输血”调整为开发式的“造血”。而在其后的十几年内,开发式的扶贫方针一直没有改变。然而近几年来,一方面“造血”式扶贫的边际效应持续递减,另一方面随着城乡收入差距的持续扩大,政府和社会开始关注社会公平,反贫困的政策又出现向瞄准穷人的救济式扶贫转变的趋势。① 对于城市贫困救助政策的变迁,体现公平和效率价值观之争的“输血”和“造血”的讨论依然存在。城市扶贫、强调投资、创造就业机会等“造血”思想也很活跃,只不过在城市贫困居民已经无“血”时,“输血”更为紧迫。两种价值观此起彼伏,影响着政策的发展取向。

第三是由谁来施与救助的问题,是单位还是政府?这个问题是在中国计划经济时期以及在任何一个成熟的市场经济国家都不会存在的问题,而只有在中国特定的转型时期才存在。计划经济时期的单位体制下,城市居民首先是“单位人”,然后才是社会人或政府公民,单位对职工承担着包括救助在内几乎一切的保障任务。政府在接受城市居民救助申请时,首先判断申请者是否为单位人。而单位向独立的利益整体转变时,政府的观念却相对滞后。直到城市居民最低生活保障制度建立初期,单位人的观念还集中体现在“谁家的孩子谁抱走”②的运行模式上。

第四,价值观影响着救助标准的水平,即“保肚皮”或“保脸皮”,这

① 参见方华、李圆:“我国扶贫政策五六年内转向救济性”,《经济参考报》2005年5月28日。

② “谁家的孩子谁抱走”的意思是指,凡是贫困家庭中没有在职(包括离退休)人员的,救济金由财政负担;而贫困家庭中有在职(包括离职退休)人员的,救济资金由所在单位和主管部门负担;如果所在单位和主管部门确实没有能力负担,再由财政解决。

一制度是"养懒汉"或是"耻辱烙印"。最低生活保障实际上就是国际上最低收入保障或收入维持制度的一种形式,也是国际上常见的贫困救助方式。然而由于各国政府及公众对于"最低"的理解不同,其救助水平(绝对的和相对的)也不尽相同。在德国、奥地利等国家,最低标准意味着体面的、维护人的尊严的,有的则认为是"合理的"和"适当的",如中国香港。然而,在中国内地的最低生活保障也仅为"保肚皮"。即便如此,自低保制度实施以来,一直受到两种截然相反的观念的冲击和影响。其一是"养懒汉"的观念,地方曾普遍采用的"虚拟收入"就是这一观念指导下的产物。其二是"耻辱烙印"的讨论。强调严格的调查和过低的标准对政策利用者的负面影响。

社会转型深刻地影响着人们对待福利的价值观取向和行为习惯。社会转型是福利文化转型的基本背景和物质基础,福利文化在转型时期也朝着多元化发展。福利发展受到传统文化与文化传播的双重影响,并呈多元化发展趋势。对于贫困及救助亦存在多元的价值观,它们同时存在,相互竞争,甚至产生激烈冲突,共同影响福利政策和制度的安排。在中国转型的特殊时期,加之中国转型的特殊性,福利文化多元化有时使得政策研究者无所适从甚至产生困惑,这或许也是中国整个社会保障制度长期试而不定的深层次原因之一。

5.2.4 经济条件

经济条件或财政支付能力对一国贫困救助的决策和水平的影响是显而易见的。一个例子常常为国外学者所引用:假如社会保障部门拥有 50 元用于社会救助的财政预算,那么很简单,贫困人口数将纳入考虑范围。如果有这样两组贫困人口:A 组包括两个人,而平均每个人在转移支付前的收入是 81 元;B 组只包含一个人,其原始收入是 61 元。在这样一个情况下,该部门只能使 A(给每个成员支付 20 元)或 B(支付 40 元)之一消除贫困。那么通常情况下的考虑是,如果条件允许,救助人数最大化是一个选择。但是,假设条件变化,如由于政治原因或目标的变化,A 组的贫困线上升至 110 元,而 B 组没有改变,那么用 50 元的资金无法使 A 脱离贫困,而最终该部门将集中所有资源来消除 B 的贫困,而 A 组的福利将被削减或取消。这是一个极端的例子,它只建立了一个看似荒谬而事实上具有可能性的逻辑。

就中国的具体实际而言,理论上经济因素也影响贫困救助政策的发展。在建立和完善社会主义市场经济体制的过程中,经济增长以及保持政府所得在国民生产总值中的适当比重,是克服市场失灵和加强宏观调控的内在要求。贫困救助作为弥补市场失灵的社会保障政策,与社会保险等其他保障项目不同,一般都是政府直接的财政转移支付,从财政收入中获得经费支持。因此,贫困救助政策的措施离不开基本的物质基础——资金,必然受到来自经济发展以及财政收入状况的影响。

从 1978 年以来,经济总量和财政收入的高速增长,为新型贫困救助政策的建立和发展奠定了经济基础。尤其是 1994 年分税制改革以来,财政收入特别是中央财政收入水平不断提高(参见图 5-5:GDP 的增长速度与财政收入增长速度的对比)。1996 年以后,财政收入的增长速度超过 GDP 的增长速度。1999 年财政收入达到 11 444 亿元,历史上第一次超过了 10 000 亿元。而到 2003 年,这一数值达到 21 715 亿元,超过 20 000 亿元。这也大大增强了中央政府通过转移支付平衡地区财力、调解不同地区与不同群体之间收入分配差距的能力,为贫困地区的贫困人口提供财政支持提供了经济条件。现有的收入分配格局对中国转型期改善社会公平状况起到了相当大的推动作用。

在贫困救助政策转型的初期，也就是最低生活保障刚刚建立时，接受救助的城市贫困人口虽较转型前有了大幅度增加，但是，仍然仅占救助的需求者，即实际存在的贫困人口的很小一部分。中国的城市贫困的一个特点就是，贫困人口总数对保障线的敏感度很高，1999年9月全国普遍实行低保制度后，得到保障的人数只有281万人，而10月保障线调高30%后，增加到310万人，只增加了29万人。这其中的原因被民政部门概括为“多少钱办多少事”。据民政部2000年9月提供给国务院“完善社会保障体系”会议的背景材料，2000年6月实际处于城镇低保线以下的人口是1 382万，而当时领取城镇低保费的只有328万人。为什么会出现这样大的差异？其原因仍是“有多少钱办多少事”。然而，事实并非是国家经济和财政无法支持，而是由于其他因素的影响，并没有在贫困救助方面增强转移支付的支持力度。社会救济福利经费在1999年仅占财政支出的0.37%，而2003年这一数值也仅为0.88%。表5－3列出了各地区人均国内生产总值、人均财政收入、低保标准及补差水平的排序，分别用X1、X2、Y1、Y2代表。计算X与Y的相关性δ可得：δ(X1，Y1)＝0.82，δ(X1，Y2)＝0.47，δ(X2，Y1)＝0.66，δ(X2，Y2)＝0.28。由此可见，经济指标在一定程度上与低保指标相关，其中人均财政收入与低保标准的相关性较强，而与人均补差水平具有非强相关关系。人均GDP与低保标准和人均补差都不具有强相关关系（见表5－3）。可以判断，经济因素是对中国转型期贫困救助的影响因素，但已经开始表现出逐步弱化的趋势。

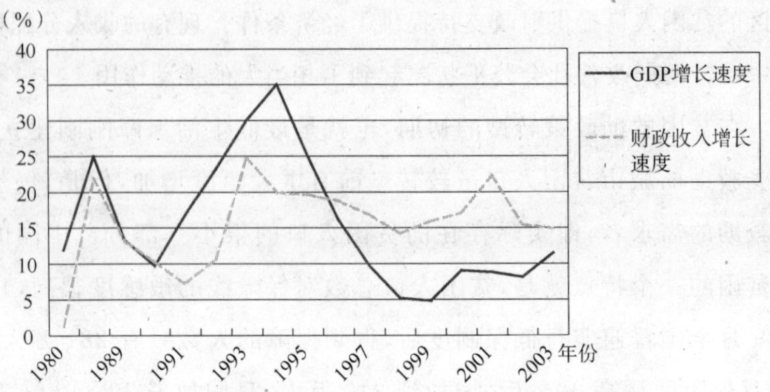

资料来源:本图根据历年《中国统计年鉴》相关数据做成。

图 5－5　GDP 的增长速度与财政收入增长速度的对比

表 5－3　地区间经济指标与低保水平排序

	人均财政(X1)	人均 GDP(X2)	低保标准(Y1)	人均补差水平(Y2)
上海	1	1	3	2
北京	2	2	3	1
天津	3	3	5	4
广东	4	7	1	10
重庆	5	19	19	8
浙江	6	4	1	3
辽宁	7	8	13	9
福建	8	6	8	28
江苏	9	5	6	7
山东	10	9	12	14
黑龙江	11	10	15	25
海南	12	15	7	30
云南	13	28	15	12
新疆	14	13	30	21
内蒙古	15	16	23	10
吉林	16	14	28	17

宁夏	17	25	26	21
河北	18	11	13	21
湖北	19	12	8	21
山西	20	22	22	17
广西	21	27	20	19
青海	22	20	29	6
陕西	23	26	23	14
安徽	24	21	10	20
湖南	25	17	15	25
江西	26	23	20	28
河南	27	18	15	30
贵州	28	31	26	12
甘肃	29	30	25	16
西藏	30	29	15	5
四川	31	24	10	27

资料来源：本表根据《中国统计年鉴》、民政部提供数据做成。

5.2.5 全球化或国际化因素

作为社会保障制度安排，在国际化和全球化的过程中不可避免受到来自国际方面的影响。① 这其中包含了文化传播的内容，即一个国家和地区的福利制度的产生和发展受到异域文化——主要是指宗主国、阵营主导国、发达国家的福利文化因素的不同。

首先是在文化层次的影响。文化和价值观的植入影响新的、多元的救助价值观产生。传统文化与植入的文化互相影响，并呈多元化发展趋势，如前文所述，与价值观共同作用，影响社会制度和政策安排，考察当代价值观，以人权观念的影响最为突出。例如，马歇尔的公民权利理念以公民身份或公民资格(citizenship)为基础论述了每

① 郑功成在《社会保障学——制度、理念、实践与思辨》中论述了来自国际的影响渠道，它们是：殖民扩张、制度示范、共同协议和国际间交流与合作等。

个公民都具有在需要时接受救助的权利。[①] 而同时,近些年来,西方福利国家在福利制度改革,尤其是社会救助制度的改革方面强调防止“福利病”后遗症,降低社会救助水平,使贫困者自立自助。这两种思想都对中国产生了影响。学术界开始出现两种声音,影响的结果就是“标准不能太高以免产生‘福利依赖’;标准也不能过低而无法保障基本生活”。

其次,国际组织和超国家组织(世贸组织、亚洲开发银行、世界银行、国际货币基金会、国际劳工组织等)的干预。这些组织的干预行动一方面是通过各种援助项目来影响发展中国家内部社会福利政策的走向,[②]另一方面还通过推动建立国际性的社会保护标准来规范发展中国家的社会福利政策。后一方面最主要的例子是,发达国家和一些国际组织推动在世贸组织制度框架内建立基本“劳工标准”,并将它与国际贸易挂钩。尽管这一行动目前仍处于激烈的争论之中,但从中可以看到,国际化的基本社会保护标准在将来可能会是一个基本发展方向。[③]

第三,在具体的政策选择上也有示范效应。在贫困救助政策中,最低收入保障制度是较为常见的政策安排,在日本、美国以及许多发达国家,这一制度发展都较为成熟。中国近年来逐步开展了一些国际交流项目,一些研究也从对比的视角,建议政策的制定者在尊重基本国情的

① 此为T.M.马歇尔所谓的社会权,他认为公民权利包含三个要素:即民事权、政治权和社会权。其中社会权是指国民福祉与安全的权利。

② 联合国开发署就曾与民政部合作建立中国直辖市和省会城市最低生活保障标准指标体系项目,民政部也于2001年11月组团考察德国、意大利两国城市居民最低生活保障情况。

③ 参见关信平:“全球经济竞争与社会政策发展——兼析加入世贸组织以后我国社会政策面临的问题”,《江苏社会科学》2002年第3期,第30—34页。

基础上借鉴国外相关制度的发展经验和教训。这些都是政策示范效应在全球化、国际化背景下对贫困救助政策的影响。

5.2.6 媒介传播

在许多社会因素中,媒体的作用无疑非常重要。媒体是沟通政策制定者(或政策本身)以及其他探求不同的社会政策的政治系统之间的信息的调解者。① 考察各国的社会政策发展史,媒体的作用愈发明显,甚至被称为除"三权"以外的"第四权利"。日本50年代后的生活保护制度发展中,一些"关键事件"为媒体关注最后导致制度的变迁。媒体一方面在不同阶层间沟通政策建立和反馈信息。另一方面,各种媒体在向公众传输信息的同时往往也直接或间接地参与了社会价值观的建构,如救助的国家责任以及福利利用权的意识等。中国贫困救助转型过程中存在一种现象,有时媒体会违背受助者的真实意愿而大肆宣传救助对象,而对于制度执行的另一面,如确定救助对象和标准时的公示制度对贫民的自尊心和隐私权所造成的不同程度的损害没有给予足够重视。如何呼吁全社会建立一种氛围,使受助者在获得基本的救助权利的同时又不失尊严和人格,也将是各种媒体履行社会责任的一种体现。

5.2.7 小结

虽然贫困救助政策的起源与社会转型与否没有关系,但其发展却取决于社会转型过程中的市场化、工业化和城市化进程。在这一过程中,社会因素、价值观因素、政治因素、经济条件等方面的影响相互交织在一起,互相影响并共同作用,影响贫困救助政策的发展。在以上所列

① Spitzer R. J., "Introduction: Defining the Media-Policy Link," in Spitzer R. J. ed., *Media and Public Policy*, Westport, CT, USA: Praeger, 1993, p. 2.

影响因素中,社会因素、政治因素、价值观因素对转型时期贫困救助政策的影响最为明显,而经济因素的影响程度正在弱化,全球化以及传媒同样对贫困救助政策产生一定的影响。

5.3 城市贫困救助政策变迁的内容分析

正如前文所述,城市贫困救助政策发展变化的内容极为丰富,从制度框架、外在表现形式到具体实施操作都与传统计划经济时期的救助政策迥异。然而,我们仍然可以从以下几个方面进行抽象、分析一个问题,即中国转型期的城市贫困救助政策在哪些方面改变了。从政策的过程来看,贫困救助政策的定位是政府政策的起始点和目的所在,也是将要分析问题的第一个方面。

贫困救助作为社会保障政策的内容之一,对于它的内容变迁分析也无法离开社会保障制度模式的变革。不同模式一般是依据国家、市场和家庭在社会保障中的作用进行划分的,如蒂特马斯(Richard Titmuss)权威性地将福利国家分为补缺型福利国家(residual welfare state)和制度型福利国家(institutional welfare state)。然而,中国尚未市场化改革前,由于市场不发达,家庭—市场—政府的分析框架并不适用,而使用政府—集体—家庭的框架取代罗斯所提出的三元素似乎是一个合理的分析框架。[①] 因此,转型时期前后中国在救贫发展中政府责任、单位角色、家庭和个人定位方面是否有变化以及如何变化是分析“变了什么”的关键问题。

① 参见黄黎若莲:《中国社会主义的社会福利——民政福利工作研究》,中国社会科学出版社 1995 年版,第 25—27 页。

5.3.1 贫困救助政策目标设定

贫困救助政策在社会保障体系中的定位，与社会保障制度的模式及政府对救助政策的职能设定密不可分。

在新中国成立初期，对那些“三无人员”、特殊对象的应急式的贫困救助、灾害救助和对特困人口的救助，其出发点和目标是“社会主义不能饿死人”和“体现社会主义的优越性”。在政治目标高于经济目标和社会目标的历史背景下，贫困救助常常带有政治色彩而成为政治工具，也反映了当时意识形态和短缺经济下贫困救助的目标定位和特征。

社会主义建设时期，即社会主义计划经济体制确立后，国家—社会保障模式的社会保障制度逐步完善。这一模式是以国家（通过中央政府）为主要责任主体，城乡单位担负共同责任并一起组织实施的较为完整的社会保障制度。在这一保障模式下，城市居民获得的保障项目主要包括：就业、退休、工伤、生育、医疗、遗属等职工劳动保险项目以及住房、困难补助等其他生活福利，这些保障制度使90%以上的城镇居民直接受惠。[①] 直到转型开始前，追求平等的社会效应高于追求增长的经济效应，从政府的政策导向来看，社会目标高于经济目标。而社会救助在整个保障体系中，则是长期以边缘人口为对象、以提供边缘服务为内容的政策。从贫困救助对象的变动来看，到1978年前后，贫困救助除了充当体现社会主义优越性、修正政治错误的社会行政工具外，还多了一个维护社会平等的经济工具。

进入转型期后，以最低生活保障制度为主的贫困救助政策依然

---

① 参见郑功成：《中国社会保障制度的变迁与评估》，中国人民大学出版社2002年版，第5—10页。

是一种工具性政策。只不过,逐渐从过去体现社会主义优越性、维护社会公平及平等转化为为社会主义市场经济服务,并且重点是以促进经济发展和保持社会稳定为其基本目标。[①] 经济工具与政治工具的定位并重。在制度制定的初期,维护社会稳定的政治性目的更为明显(详细分析见5.5"中国转型期贫困救助政策的理论定位"部分)。这一目标定位实质上是以维护市场竞争为限,所费资金实际上也被看成社会控制或社会正常运转的成本。正如唐钧的观点,社会政策实际工作中最突出的问题是政策目标偏移问题。他指出,社会保障制度的目标有两个,其一是"社会稳定器",其二是"经济体制改革的配套工程",实践中,社会保障的改革亦步亦趋地围绕经济体制改革转。实践证明,以此为目标而设计出来的政策的效果大多不尽如人意。[②] 强调社会控制的功能,"无异于减低社会救助的保障功能"。从政府在进入转型期后的政策定位来看,政府设定较低的标准是符合逻辑的。

然而,当前城市贫困救助政策的一个新的目标定位初见端倪。学术界呼吁"维护公民的基本权利",通过救助使公民克服贫困或缓解贫困,直至消除社会排斥。政府开始宣称将科学发展观、关注民生问题和构建和谐社会作为政府履行职责的指导思想、工作内容和目标任务。政策的目标价值取向趋向于人本主义。所谓人本主义就是一切以人为中心,一切为了人的利益,强调人是政策思考的逻辑起点的一种社会价值体系,它关注的是政策制定和实施的根本出发点是为了人的权利、尊

① 参见关信平:"全球经济竞争与社会政策发展——兼析加入世贸组织以后我国社会政策面临的问题",《江苏社会科学》2002年第3期,第30—34页。

② 参见唐钧:"社会政策学科发展报告",《社会政策评论》(冬季卷),中国社会科学院社会政策研究中心内部刊物,2003年,第73页。

严、需要、成长、发展以及最终实现人的价值。[①] 这一目标定位与詹姆斯·米奇利(James Midgley,1995)所提出的社会发展观点颇为相似。他认为,社会发展的意义在于"一个计划社会变迁的过程,其目的在增进国民的整体福祉,特别是强调与经济发展动态的连结"[②]。这一定位将引导城市贫困救助政策向覆盖全体公民,救助标准和方式需满足体面生活而非最低生活的要求以及提高法制化水平的方向发展。当贫困成为与社会发展同等重要的命题时,贫困救助政策开始从经济的、政治的工具性政策,向社会工具转变。

从贫困救助的地位发展上看,计划经济时期,在城市的国家保障这张安全网中,已经网罗了中国城市的绝大部分人口,只有漏在网外的或者挂在网边的极少数边缘群体才是接受政府救济的。而中国城市贫困问题开始凸显的转型期,城市贫困救助则担负着保障市场经济体制的正常运转、贫困人口民生以及维护社会稳定的重要使命,贫困救助政策在转型期的地位空前提升。同时,从从属性的经济工具和政治工具向社会发展观指引下的社会工具发展过程中,政策变革中被动性逐步减少,主动性逐步增加。也正是因为如此,在社会转型后,政府给予了空前的关注和支持,城市贫困政策也才得到了前述的重大发展。

5.3.2 政府责任

与社会保险事务中政府的责任不同,对贫困人口进行救助通常被视为政府的当然责任或义务。然而,政府在多大程度上以及如何承担救助责任,却因政府在整个经济社会所扮演的角色以及在整个社会保

① 参见朱东恺、潘玉巧:"政策的社会评价研究",《理论与改革》2004 年第 6 期,第 14 页。

② Midgley,J., *Social Development: The Developmental Perspective in Social Welfare*, London: Sage Publications, 1995, p.25.

障体系中的角色不同而异。因此,分析政府责任,仅从对贫困救助的财政投入方面分析显然比较片面。因此,本书在主要分析政府对贫困救助的责任意识变化的同时,考察财政支持、贫困人口救助的救助面和捕捉率、救助的标准和水平,以求更加全面地体现政府在贫困救助中责任的变化。

中国是共产党执政的社会主义国家,党的意识形态、价值取向和制度安排无疑代表了国家,"国家"的概念无法脱离党和政府的双重含义。关于资本主义国家施与的救济,中国共产党秉承了马克思的思想,认为这是"剥削阶级吸干了无产者最后一滴血,然后再对他们施以小恩小惠,使自己自满的伪善的心灵感到快慰,并在世人面前摆出一副人类恩人的姿态"[①]。而作为社会主义制度,国家具有保护人民的意志,将短缺的有限资源平均分配,从而消除社会不平等甚至剥削,这才是国家的责任所在。在中国共产党的意识形态中,社会主义因为不存在剥削,不存在像马克思分析资本主义经济制度下无产阶级绝对贫困和相对贫困的条件,也不会产生新的贫困。社会主义社会存在的贫困是资本主义剥削的历史延续。从意识形态上,政府区分"人民"与"非人民",对前者具有主观上保护的意志,而对后者则是"体现社会主义的优越性"。从这两种情况看,救助均未作为责任为政府履行。

另外,从政府施与救助的指导方针也可以推断,计划经济时期的救助没有体现"责任政府"。在新中国成立之初政府曾确立城市社会救济工作的方针是"在自力更生原则下,动员和组织人民实行劳动互助,实行自纠、自助、助人",1954 年以后,在相当长的时期里,社会救济工作一直贯彻"生产自救、群众互助,辅之以政府必要救济"的方针。1978

① 《马克思恩格斯选集》(第 2 卷),人民出版社 1972 年版,第 566 页。

年 9 月,第七次全国民政工作会议确定了"依靠基层,生产自救,群众互助,辅之以政府必要的救济"的社会救济方针。1983 年,第十一次全国民政工作会议将之修订为"依靠群众,依靠集体,生产自救,互助互济,辅之以国家必要的救济和扶持"。1994 年,全国民政工作会议强调继续坚持"依靠群众,依靠集体,生产自救,互助互济,辅之以国家必要的救济和扶持"的社会救济工作方针。①

从一定意义上说,1999 年的《城市居民最低生活保障条例》开辟了城市救助制度的新篇章,开始在实际措施上肯定了城市贫困人口的大量存在,声明了符合条件的贫困人口有接受救助的权利,这也就从侧面隐含了国家对救助贫困人口的责任。如第二条规定:"持有非农业户口的城市居民,凡共同生活的家庭成员人均收入低于最低生活保障标准的,均有从当地人民政府获得基本生活物质帮助的权利……"但是同时,我们似乎可以发现一个现象,就是现有的任何正式官方文件中,并未明确提出义务主体,也避免正面讨论"政府之救助责任"的判断。低保条例第一条这样规定:"为了规范城市居民最低生活保障制度,保障城市居民基本生活,制定本条例",这一规定也仅表明国家或政府具有保护人民的意志。如果从国家对贫困者生活的介入程度看,"剩余角色"在转型时期体现更为明显。

人们的意识形态在 1978 年以后有了很大的改变。人们接受了一种观念,贫困既存在于资本主义社会,社会主义也存在贫困,而且还在相当长一段时期内不能彻底消灭。不仅农村有各种地缘、环境、历史等因素产生的贫困,城市贫困也作为社会现象出现。政府的政策也体现

① 《中国社会保障制度总览》编辑委员会编:《中国社会保障制度总览》,中国民主法制出版社 1995 年版。

了这一意识形态的变化。计划经济时期的体制模式是全能政府的行政管理模式,政府通过指令性计划和行政手段进行经济管理和社会管理。从政策的执行上看,除了具有严格条件的"三无人员"和"特殊对象",对社会困难户的救助在一定程度上具有较大的随意性。随着转型期改革的深入以及政府职能的进一步调整,涉及民生问题的贫困救助政策也发生了质的飞跃。自中共十六大,尤其是中共十七大以来,构建一个公平正义、人人共享的和谐社会成为执政党一个宏伟的蓝图。从"效率优先,兼顾公平"的政策理念,演变为"更加注重公平",虽然这一转变并未否认效率的优先地位,但公平得到了空前的强调。政府加强服务型自身建设的同时,逐步加大在服务和社会福利等方面的公共开支。明确提出在 2020 年实现消灭绝对贫困现象,人人享有基本的生活保障。可以分析,这可能成为政府对贫困人口救助责任理念改变的分水岭。简而言之,同转型前相比,转型后政府对贫困救助的责任意识开始增强,指导救助工作的责任理念也在确立之中。

政府对城市贫困的财政支持、救助面、捕捉率以及救助标准的相对水平是政府责任意识以及救助责任的具体体现。国家大部分相关统计数据没有对城市和农村分别统计,国家对城市贫困救助的财政支持一方面从国家财政对贫困救助的投入上考察(见表 5-4),仅从 20 世纪 90 年代与近两年的数据相比,绝对数增加了十几倍;从相对数来看,社会救济福利费占国家财政支出的比重则持续上升至原来 2.37 倍(见图 5-6)。另一方面城市贫困救助的财政支持数据可以从转型前政府的社会救助投入和转型后政府传统救济部分、下岗职工基本生活保障的投入以及对城市最低生活保障经费投入得到反映(见表 5-5)。从三项贫困救助的财政支持数据变化来看,十年间提高了百余倍。

表 5-4　1952—2003 年社会救济福利费占国家财政支出比重

年　份	1952	1958	1963	1966	1976	1993	1999	2003
绝对数(亿元)	0.66	1.15	2.8	3.19	3.86	17.01	48.52	217.7
财政支出总计(亿元)	172.1	400.4	332.1	537.7	806.2	4 642.3	13 187.7	24 650.0
占财政支出的百分比(%)	0.38	0.29	0.84	0.59	0.48	0.37	0.37	0.88

资料来源:《2004 年中国财政年鉴》,根据第 340、341、350 页计算。

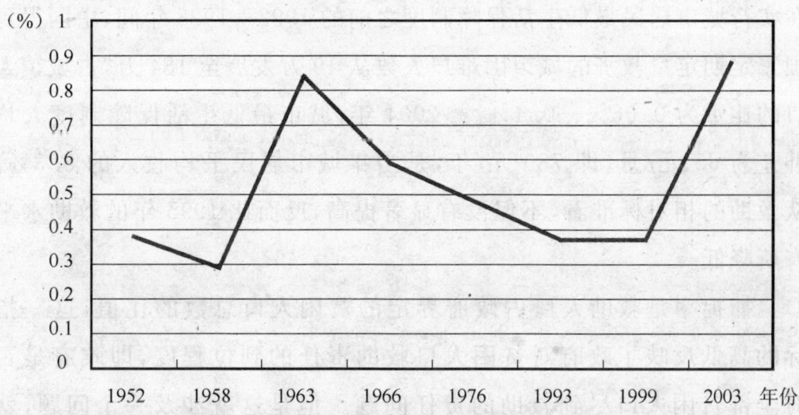

图 5-6　1952—2003 年社会救济福利费占财政支出的百分比变化

表 5-5　政府对三项城市贫困救助的财政支持

(单位:亿元)

年　份	最低生活保障投入	下岗职工基本生活保障	传统救济	总计
1994	—	0	1.52①	1.52
1996	3	0	3.21②	6.21
1998	12	75.7	3.83	91.53
2000	27	132.6	4.85	164.45
2002	109	139.0	6.24	254.24
2004	173	161.5	4.38	338.88

注:①②是根据平均救济水平和定期救济人数估算的。

资料来源:根据民政部低保司、《中国劳动和社会保障年鉴》、《中国民政统计年鉴》数据计算。

与救助政策转型前相比,政府对城市贫困的财政支持以及救助人口在绝对数量上有了飞跃。这意味着,政府在政策的具体实施中承担了更多的救助责任。但责任是否到位以及在多大程度上到位,则还需考察救助的相对标准、救助面以及捕捉率。

1995—1998年,全国城镇社会困难户(贫困户)的平均救济支出为368元至587元,为当时城市居民年平均收入的7.6%至13.9%。在实行城市居民最低生活保障制度之前的1992—1998年间,中国得到国家定期定量救济的城镇困难户人数从19万发展至184万,占城镇人口的比重为0.06%—0.4%。[①] 2004年,城市最低生活保障制度人均补差为65元/月,即780元/年,是当年城市居民平均收入的8.3%。从救助的相对标准看,不但没有显著提高,反而比1995年的救助水平有所降低。

捕捉率是救助人口占政府界定的贫困人口总数的比值,这一指标的高低反映了政府对贫困人口救助责任的到位程度,即政府是否对全部贫困人口尽到救助的责任问题。但是这就涉及一个问题,就是贫困的标准线是什么,贫困人口的规模如何确定。我们按照政府的贫困指导线来考察20世纪90年代上半期、下半期以及21世纪初的三个时段,以作粗略的比较。按照1997年政府首次公布的城市贫困线的标准,1991年至1996年全国城市贫困人口为1100万—1500万人,[②]1999年以后政府界定的贫困标准一般认为是城市低保标准,根据学者对城市贫困人口规模的估计,取学者估计的中位数3 000万。1993年、1999年、2004年的捕捉率分别约为0.9%、17%和73%。从

① 根据历年《中国统计年鉴》和《中国民政统计年鉴》计算。

② 参见郑邦才、王朝明、申晓梅主编:《西南城市居民最低生活保障研究》,西南财经大学出版社2000年版,第4页。

捕捉率的粗略计算可知，在城市贫困救助政策转型的前后，捕捉率大大提高。

对政府在救助中责任问题的讨论，有观点认为，同改革开放之前我国的社会救助制度相比，从救助理念、范围和力度来讲，政府对贫困群体的责任有所降低。[①] 但从以上几方面的分析来看，政府从财政支持、救助面、捕捉率方面体现的政府责任，较转型前有所提升。

在从计划经济向市场经济转型的过程中，政府的角色在一段时期内出现了错位。在国家发展战略发生重大转变，经济社会生活的运行规则发生变化的条件下，基于对自身的角色变化的认识不足，政府在对经济效益追求的同时，放松甚至推诿了自己本应承担的责任：教育、环境保护、公共事业等。[②] 国家对 90 年代初开始的日益突出的城市贫困问题的反应具有一定的被动性，即贫困救助的初衷是为了配套经济体制改革和社会稳定，[③]这就意味着，救助只是经济职能和政治职能的附属品。但如今，在整个社会关注公平和民生的氛围下，虽然政府未在社会救助的正式文件中提到贫困救助的政府责任，但是在构建和谐社会的过程中，政府责任责无旁贷。

---

① 参见姚建平："我国贫困群体的政府救助演变——责任、理念与政策的综合视角"，《理论与现代化》2005 年第 1 期，第 88 页。

② 参见孙立平：《转型与断裂——转型以来中国社会结构的变迁》，清华大学出版社 2004 年版，第 59—62 页。

③ 除了为经济改革配套和维护社会稳定，还有一种论调具有一定影响性，即"补偿说"。这种观点认为，反贫困在本质上是一种补偿，不能看做单纯的救济，贫困人口是我国经济资源、社会资源、环境资源、政治资源、历史文化资源的共同所有者，他们有权共同享受利用各种资源所创造的成果。他们为社会经济发展投入的成本、付出的代价和作出的贡献，有权从社会获得回报。他们作为社会弱势群体，在体制转型过程中所受的损失，所做的牺牲，有权从社会取得补偿（参见李军：《中国城市反贫困论纲》，经济科学出版社 2004 年版，第 6 页）。相比之下，这一观点更能体现国家对贫困的主动性和责任性，但从现有学者论著和政府文献看，这一观点并非主流。

总之,如果不考虑作为政府行政组织的延伸——单位在贫困救助中的作用,可以得出结论,即转型期政府在城市贫困救助的责任体现有所增加,转型后的城市贫困救助政策中权利性的意思表示已经开始体现。同时,政府在贫困救助中的责任理念正在形成。事实上,受助者权利意识的形成必将促使政府承认并履行自己的义务。

5.3.3 单位角色

计划经济时期,政府仅直接对那些处于大规模绝对贫困条件下的相对贫困人口(边缘人口)实施救助。但同时,政府承认城市居民可能因为家庭情况、个人条件等原因陷入困境,沦为特困职工或社会困难群体中的一员。因此,政府还间接通过单位承担政府责任。

单位是一个极富中国特色的、在中国计划经济时期与城市居民的生活息息相关的词汇。单位体制是在中华人民共和国成立后,基于新中国政治关系的历史特点、社会体制逐渐被建立起来后工业化和社会经济条件的重要矛盾,在科层体制破坏的条件下,在城市逐步建立和完善起来的。城市居民首先归属于单位,而单位则是政府对社会进行行政管理的组织手段和基本环节,是国家行政组织的延伸。① 那些城市中居于再分配体制中心的行政单位、事业单位和国有企业单位属于典型的单位,而那些非国有单位则不属于单位的范畴。②

基于以上理论,具体到城市贫困救助而言,计划经济时代单位对困难职工的帮困和补助可以视为国家(或政府)责任的延伸。单位在贫困救济事务中的角色与政府的行政权力无法完全分割。计划经济时期,

① 参见路风:"单位:一种特殊的社会组织形式",《中国社会科学》1989 年第 1 期,第 71—88 页。

② 参见刘建军:《单位中国——社会调控体系中的个人、组织与国家》,天津人民出版社 2000 年版,第 41 页。

国家占有和控制了几乎所有的社会资源，但这并不是直接的控制，而是通过对全民所有制和集体所有制的单位间接掌控的。单位是国家资源配置系统的一个重要组成部分。单位之所以介入济贫事务，是与国家的行政权力分不开的。虽然大多数学者在分析贫困救济的主体时将单位与国家或政府分而论之，但事实上都无法彻底区分单位与国家或政府的联系，无法避免解释单位行为的动力机制。因此，虽然政府和单位在济贫事务中的分工是客观存在的，但是本书认为计划经济时代，单位对职工的救济或帮困实际上也是国家或政府意志的体现。国家（政府）通过计划经济体制维护着各个单位组织长期存在，并通过财政补贴给予直接担保。而在国家制度安排下，单位对困难职工的帮困被视为对国家的责任，救助工作是在国家政策的指导下进行的。将单位济贫事务纳入国家角色具有理论基础。

国家的行政主体——政府只负责"三无人员"的救济，而单位负责对困难职工的帮困。单位被赋予的责任并不是对贫困者负责，而是对国家分配的任务负责，是单位对资源的所有者和控制者——国家的责任，单位对职工贫困救助的责任是国家在贫困救助中责任的一个部分。

中国制度转型的深入发展，使单位体制发生了变化，单位在贫困救助中的角色也因此改变。单位角色职能化、单位利益独立化、单位责任具体化和内向化、单位的家长角色强化等等，单位逐渐由国家的"部件"转化为一种具有一定独立性的"整体"。[①] 虽然在改革的过程中一定范围的单位体制特征仍然存在，但随着市场化改革的推进以及国有经济在国民经济体系中、国有单位职工占城市人口的比重的降低，单位制开

① 参见孙立平等："改革以来中国社会结构的变迁"，《中国社会科学》1994 年第 2 期，第48—63页。

始弱化。国家(政府)通过单位对社会组织的控制,通过单位对社会成员的控制范围已经大大缩小。就城市贫困救助来说,单位制的弱化使得政府对城市贫困人口的救助失去了组织基础,这也是政府被动地实施救助政策改革的原因之一。

转型期尽管那些"一定范围内存在着的单位体制"中仍然具有对本单位职工贫困救助的职能,但是由于市场化改革要求,以国有企业为主体的单位与政府分开,在逻辑上很难将这种职能界定为责任,单位中有限的帮困仅仅是对政府贫困救助的补充。单位在城市贫困救助中的角色的变化成为转型前后贫困救助政策变迁的重要内容之一。

5.3.4 家庭作用

家庭在社会供养体系中起着重要的作用,中国政府推崇家庭,是在没有其他选择的情况下借家庭制度解决一些社会问题。

家庭是构成社会的基本单位,被称为"社会细胞"。社会保障制度中,家庭一直都充当福利提供的补充的、非正式的社会支持网络。家庭是由拥有血缘、婚姻关系的成员构成的,是最可信赖的社会关系。① 它在经济生活、社会控制、道德教育以及治理国家中发挥着重要的作用。稳定的家庭是社会良性运行和有机统一的关键。②

家庭在社会保障中的角色历史可以追溯到社会保障发展史前。即便是社会救济法制化以后,家庭也被规定承担一定的义务。早在1601年英国颁布的《济贫法》中,就规定了父母与子女以及祖父母与孙子女的相互抚养义务。几乎所有国家的贫困救助政策都是以家户为单位,并以不破坏家庭内部相互扶助为原则。美国从"有依赖儿童的家庭补

① 参见唐钧:《中国城市贫困与反贫困报告》,华夏出版社2003年版,第239页。

② 参见黄黎若莲:《中国社会主义的社会福利——民政福利工作研究》,中国社会科学出版社1995年版,第207页。

助”(AFDC, Aid to Families with Dependent Children)到“贫困家庭临时救助”(TANF, Temporary Assistance to Needy Families)改革动因之一,就是AFDC虽然旨在保护贫困儿童,但客观上却没有支持“好”的家庭,而支持并鼓励了“不好”家庭(非婚的单亲家庭)。这不仅有悖于美国的福利文化,而且有悖于主流的传统的家庭观。

比起西方国家,中国传统文化中更多地反映了家庭对于其内部成员的福利依存的重要性。中国社会转型之前的家庭价值观是传统价值观与新的意识形态融合的结果,即一部分被积极地保留下来,有些也在法律上给予确认,如家庭成员之间互相帮扶、赡养/抚养。一部分被剔除,如家庭本位主义。然而中国政府宣扬传统文化中家庭内部成员之间尊老爱幼、母慈子孝、互相帮扶,建构家庭成员之间责任感却是始终如一,其中不排除优良文化继承方面的考虑。然而,中国政府推崇家庭是在没有其他选择的情况下借家庭制度解决社会问题,减轻国家的福利负担的现实选择。正如时任民政部部长的崔乃夫在1988年组织的“社会保障论坛”上的总结发言中所言:“我们国家在建设社会主义的保障体系时必须强调家庭的功能……如果解决好家庭问题,就可以减轻社会的压力;如果解决不好,就会加重社会负担。”[①]可见,在贫困救助政策尚未转型以前,家庭被认为是减轻社会保障压力的重要渠道。在现行法律中,对于家庭及家庭成员的相互扶助的规定体现在多部法律、法规中,如《中华人民共和国未成年人保护法》、《中华人民共和国老年人权益保障法》、《中华人民共和国残疾人保障法》以及《中华人民共和国婚姻法》。这些法律体现了这样的思想:家庭应当对未成年人、老年

① 参见黄黎若莲:《中国社会主义的社会福利——民政福利工作研究》,中国社会科学出版社1995年版,第256页。

人负有抚养、赡养的责任,家庭成员间应当敬老爱幼,互相帮助。就婚姻关系而言,甚至在离婚时,如一方生活困难,另一方也应当给予适当帮助。

在中国,不仅在法律上对家庭及家庭成员的角色给予规定,而事实上,家庭也长期发挥了福利、储蓄和再分配功能。中国的储蓄率水平极高是全世界公认的客观事实,而且很大一部分人也选择与子女或家庭共同生活。当发生家道困难时,能够通过积蓄以及家庭成员之间的内部转移而得到缓解。在中国社会结构中,家庭始终是社会生活的核心和基础。计划经济时代对于城市困难户救济的前提条件之一,就是"没有家庭"的人。而那些有家庭的贫困者(或称困难者)的求助渠道则首先是家庭,而后才是单位(如果有的话)和政府。

在进入转型期以后,虽然家庭仍是人们获得社会支持的最基本社会单位。但政府必须将以下三方面纳入考虑,并做好准备。第一,家庭观念、家庭结构和功能的变迁也是政府贫困救助政策的考虑因素。越来越多的成年子女和老人选择单独生活,加上人口政策,中国城市家庭规模趋向小型化,2004 年城市中平均每户家庭人口数为 2.98 人,而这一数字在 1990 年为 3.50 人/户。① 第二,贫困的境况也可能成为家庭的一种离心力和破坏力。第三,转型时期的贫困规模及人口结构已经超出家庭力所能及范围之外。调查显示,贫困人口的亲属网络中少有稀缺资源的控制者,他们的业缘关系中也少有稀缺工商业资源的控制者。② 家庭结构、观念(婚姻观、孝道等)以及贫困的现实状态决定了家庭保障功能的弱化。基于上述事实,政府在强调充分发挥家庭的功能的

---

① 参见国家统计局:《中国统计摘要 2005》,中国统计出版社 2005 年版,第 105 页。

② 参见贵州省城市贫困人口问题研究课题组:《贵州省城市贫困人口研究报告(删节缩写稿)》,内部资料,第 4 页。

同时，不得不在城市贫困救助政策的改革中体现去单位化和去家庭化。即便如此，政府也并不希望这一措施破坏家庭在缓解贫困中的作用。《城市居民最低生活保障条例》的第二条就规定："共同生活的家庭成员人均收入低于当地城市居民最低生活保障标准的，均有从当地人民政府获得基本生活物质帮助的权利。"这里的收入是指"共同生活的家庭成员全部货币收入和实物收入，包括法定赡养人、扶养人应当给付的赡养费、扶养费或者抚养费"。调查资料也证明，贫困人口的父母、兄弟姐妹、其他亲属、同事、朋友、邻里、社区居民等承担了一定的援助义务。而其中，血缘、亲缘、地缘关系越近，承担义务的意愿越明显。[①]

总之，20 世纪 80 年代以来，由于经济变迁、人口变化及政府干预的过程给家庭带来不稳定效果，家庭在贫困救助中的地位在转型之后开始下降，政府在强调家庭的重要性并期冀其能减轻政府负担的同时，已经开始做好救助的社会化并走向政府责任化的准备。但是，目前中国社会政策存在一个盲区，就是政府既想要家庭对其成员更多地负起保障的责任，但又缺乏适当的社会政策给予家庭足够的支持和维护。[②]

5.3.5 个人定位

政策发展理论中至少有四种理论体现个人在政策中的定位。首先是基于人们的良知和利他主义精神的人道主义理论；其次是基于维持社会秩序的社会控制理论；第三是基于权利意识的公民身份理论；第四是基于增进福祉的社会发展的理念。

马歇尔的公民身份与公民权利理论被认为是扭转个人在贫困救助政策中定位的轰动性的理论，被许多政治家标榜为社会政策的支持理

---

① 参见北京行政学院课题组："北京城市贫困人口与现行最低生活保障制度研究"，《北京行政学院学报》2001 年第 2 期，第 44 页。

② 参见唐钧：《中国城市贫困与反贫困报告》，华夏出版社 2003 年版，第 244 页。

论。这一理论将公民权利分为三类,即民事权、政治权和社会权。社会权可以被理解为每个公民都拥有共享社会发展成果的权利,拥有社会认同的最低生活标准的权利。也就是说,福利拥有者具有主体地位。他的公民身份与权利理论中,个人在福利体系中的定位被认为是与人道主义理论和社会控制理论中的截然不同。果真如此吗?

公民拥有某种社会权利总是与权利的争取或斗争相联系。权利总是与义务相联系,在拥有权利的同时,必须履行某种义务,这是权利争取和权利现实中的游戏规则。西方国家的学术界和政界一再宣称权利应是或已经是政策的根基,无论事实究竟如何,个人作为政策对象的被动地位虽然有所改善,并非彻底改变。社会发展理念的代表人物是詹姆斯·米奇利(1995),这一理论强调社会政策以增进国民福祉和社会共同发展为目的。其本质仍然无法摆脱维持社会共同需要,即更隐讳的社会控制的框架。因此,在任何一种分析框架下,贫困救助政策中个人(或贫困者)的定位都不是主动的,只能说随着社会政策的发展,贫困救助政策中的个人定位的被动成分在逐步减少。

中国城市贫困救助政策在转型前后的个人定位亦是如此。同许多国家的贫困救助发展史一样,在相当长一段时期,个人劳动能力的有无和程度(可以通过工作验证或劳动鉴定判断)是贫困者申请救济的资格以及在多大程度上享有这种资格的判断标准。计划经济时期,国家只对"三无人员"和一些特殊对象施与救济。对他们救济的前提就是他们没有劳动能力或因身体缺陷或伤残无法维持自己的基本生存。这种边缘性的定位反映了施与救济的人道主义色彩,受助者只被动地接受。这一定位也向其他未被定义为贫困者的人传递一个价值理念,即自力更生。

转型开始后,在特定的社会、经济和政治形势下,基于特定的政治、经济和社会目标，城市贫困救济政策开始转变。无论城市居民个人有无劳动能力，只要符合低于设定的标准，均有资格申请救助，即将边缘性取而代之的是无差别平等的原则。同时，制度中开始出现了权利条款的规定。转型后的贫困救助，对于贫困者来说是不用缴税或缴费的保障项目，是一项社会权利。

然而，权利并非事情的全部。在任何国家的贫困救助中，贫困者接受救助都需要履行一定的义务。当贫困救助政策开始惠及那些有劳动能力的人群时，权利就开始对应着更多的义务，如必须经过财产调查，积极寻找工作，争取自立自助。近年来世界范围的社会救助改革最明显的发展方向就是强化对社会福利金领取人的再就业要求和扶持。[1]如果不能如约履行既定的义务，行政机关则有权减少或取消享受救助的资格。在各地的政策实践中，"有无劳动能力"通常成为政策的考虑因素。通常的做法有，第一，在计算家庭平均收入时，将有劳动能力人口按照最低收入标准计算(无论他是否就业)。第二，对救助对象进行分类管理时，分类的标准就是有无劳动能力。按照有无劳动能力对低保标准进行浮动(一般上下浮动20%左右)，按照有无劳动能力制定行政部门财产调查的周期。

1997年的《国务院关于在全国建立城市居民最低生活保障制度的通知》中提出，"在建立和实施城市居民最低生活保障制度的过程中，各地要教育群众体谅国家的困难。鼓励和支持有劳动能力的保障对象自谋职业、自食其力，通过劳动增加收入，逐步改善生活状况"。可见，在一段时期内，对贫困人口的救助政策发展为基于社会发展(与先前基于

---

① 参见罗斯·马凯(Ross MacKay):"通过社会救助实现社会保障"，达尔默·D.霍斯金斯(Dalmer D. Hoskins)等编，侯宝琴译:《21世纪初的社会保障》，中国劳动社会保障出版社2004年版，第252页。

人道主义的政策相比)。然而,经济的发展为改善民生奠定了物质条件,执政党的发展思路转变更直接决定了社会政策以及政策受益人的基本定位。中国共产党十六大以后,提出了科学发展观和构建和谐社会的重要战略思想,从中国共产党十七大报告中,更提出了"加快推进以改革民生为重点的社会建设","努力使全体人民学有所教,劳有所得,病有所医,老有所养,住有所居",逐步确立了基于共享理念和个人发展的社会政策。这或成为贫困救助政策进一步改革的驱动力。个人在社会政策中的被动地位将进一步改善。

5.3.6 小结

在政府—单位—家庭和个人的分析框架下,本部分从政府的政策目标设定、政府责任、单位角色、家庭和个人的定位几个方面抽象地总结和分析了中国转型前后城市贫困救助政策的变迁内容。贫困救助政策无疑是一种具有某种功能的工具。新中国成立以来及转型前后,贫困救助政策的功能从政治工具向经济工具和政治工具的混合,再向经济工具与社会工具的混合转变。政府体现在救助中的责任(从财政支持、救助面以及捕捉率等方面体现)在转型开始后有所增强,责任理念正在确立。单位作为政府责任的延伸组织,在计划经济时期扮演着重要的角色,但随着转型后单位体制的弱化,只能起到非常有限的补充作用。救助政策的转型特征之一就是适应家庭观念、家庭情况等方面的变化趋势,从将家庭作为减轻政策压力的重要途径向去家庭化的贫困救助政策转变。随着发展观、贫困观的转变,贫困救助政策中个人的被动地位逐步有所改善。图 5-7 为计划经济时期贫困者申请救助的诉求途径示意图,与转型后政府对贫困者的直接救助相比,可以反映并借以反思贫困救助政策在以上几个方面的变迁。

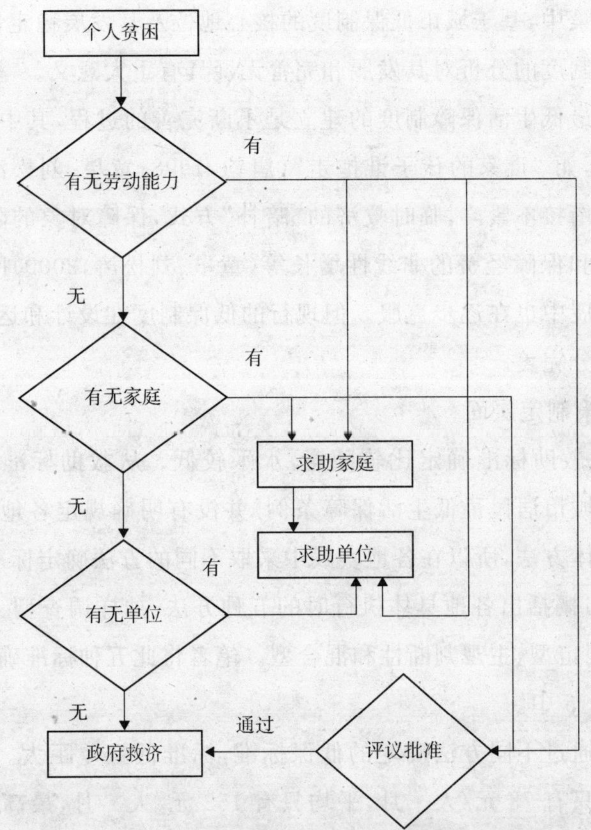

图 5－7　计划经济时期贫困者对救济的诉求途径

5.4　城市贫困救助政策的问题分析

在肯定转型后的城市贫困救助政策较传统的城市济贫政策取得了很大发展的同时，也应当对当前制度运转过程中仍然存在一些问题抱以清醒的态度，认真分析。由于转型时期城市贫困救助政策尚未整体定型，对每一项救助政策进行分析非但不可行，意义亦不大。就现有的制度化政策中,基于城市低保制度的核心地位及其发展稳定性,本书认为对这一制度的分析对其发展和完善无疑具有重大意义。

城市最低生活保障制度的建立是不断完善的过程,其中曾经存在一些问题,如“谁家的孩子谁抱走”(唐钧,1998;童星、刘松涛,2000),“三条线”衔接不紧凑,临时救济的“暗补”方式,保障对象的隐性收入,保障对象和保障经费的非线性增长等(童星、刘松涛,2000)问题,在十余年的发展中也在逐步克服。但现行的低保制度在设计和运行方面仍然并非十分完美。

5.4.1 政策制定层面

(一)救助标准确定比较随意,水平较低。从救助标准的确定上看,由于《城市居民最低生活保障条例》并没有明确规定各地制定低保标准的具体方法,所以在各地实践中采取不同的方法确定标准,洪大用通过调查,概括出各地具体执行时的五种方法:抽样调查型、部门协商型、参照制定型、主观判断性和混合型。笔者将此五种标准确定方法归纳在表5-6中。

各地通过不同方法确定的低保标准,标准低且差距大。2004年,最低标准只有78元/人·月,平均只有152元/人·月,最高标准是最低标准的4.41倍。从民政部36个大城市低保标准看,最高标准也是最低两倍多。在标准制定环节,各地没有相关的指导规章或文件,主观随意性影响较大。虽然中国当前城市贫困救助开始步入法制化管理轨道,但制定执行标准的统一性与规范性仍体现不够,随意性明显。标准制定方法的统一性和规范性不仅对地区间制度的公平性起着重要的调节作用,也是制度运行和健康发展的重要保障和决定因素。

救助标准常常难以维持基本生活。据调查,2004年全国平均低保标准相当于居民月人均实际收入的22.2%。公布标准与当地居民月人

表 5-6 各地标准制定方法及评价

类 型	描 述	评 价
抽样调查型	利用抽样调查手段,识别贫困人口、规模及生活状态,确定标准	客观性较强,政策与利用者沟通渠道较为顺畅;但一般要求工作人员素质较高,地方财政状况良好,并需要一定时间
部门协商型	民政、财政、统计、物价等行政部门进行协商,一般按照财政支付能力确定标准	有利于救助实际工作的落实,但标准制定受到各部门利益影响,贫困人口的基本需求无法通过正常途径反映,容易出现以钱定人、降低标准的问题
参照制定型	参照周边或其他可比地区的标准制定,或相同,或小幅度调整;还有一个参照体系就是下岗工人基本生活费、失业救济金	客观性受到参照体系的影响较大,通常对低保制度的执行重视不足、工作人员专业性不强的地区选择参照制定型
主观判断型	主要领导根据自己的经验和感觉,参照财政支付能力确定标准	标准确定主观性影响最大,财政能力因素和领导主观认识都直接影响标准确定
混合型	综合以上做法确定标准	使用较为普遍,评价居中

均实际收入比例最高的是 30.3%(海口市),最低的是 16.2%(乌鲁木齐市)。这一水平与国际上通常使用的贫困线,即人均收入的 50%—60%的标准相差甚远。[①] 从绝对标准看,平均每人每月的保障额在 156 元(贵阳)至 344(深圳)之间,这样的标准只能保证"不挨饿,不受冻"的基本生存条件,和生活质量与人格尊严的水准相比还有很大差距。

① 参见张时飞、唐钧:"城市低保仅够维持温饱水平",中国社会学网,http://www.sociology.cass.cn/shxw/shzc/P020050908295415620463.pdf,2005 年 9 月 8 日。

不仅如此,保障标准的动态调整也没有具体规定。1997 年的《城市居民最低生活保障通知》中规定了"(保障标准)随着生活必需品的价格变化和人民生活水平的提高适时调整",而《城市居民最低生活保障条例》中只说明了"城市居民最低生活保障标准需要提高时,依照前两款(即第五条和第六条标准确定依据)的规定重新核定"。由此可见,政策并未明确规定各地低保标准的动态调整。有些地区能够根据地区经济发展、物价变动调整低保标准,而有些地区除 1999 年全国普调 30% 后就没有任何调整。地方政府在确定低保标准和调整幅度时,不可避免地量入为出,贫困者的基本需求和政府责任往往让步于本地区的具体情况。

(二)制度设计可能导致贫困陷阱。由于低保制度规定贫困人口差额享受低保金,即人均收入在低保标准之内,受助家庭通过就业每多挣 1 元钱,就意味着他们将少得到 1 元钱的救助。对受助家庭来说,其边际税率实际上是 100%。那么,就意味着就业如果不能使受助家庭的平均收入明显高于保障标准,那么从经济意义上讲,低保制度非但不鼓励就业,反而破坏了他们就业的积极性。另外,教育、房屋、医疗,甚至法律等救助项目大都锁定低保对象,造成了一种新形式的"胜者全得",这里所谓"胜"就是被确定为低保对象,然后他们就可以享受到一系列的救助或福利。而如果一旦失去"穷人"资格,不只是损失了每个月的低保金,还有各种补贴和给付,包括子女学杂费减免、实物给付、医疗救助等等。因此,这也导致"边缘户"贫困陷阱问题。所谓"边缘户"是指那些收入水平高于低保标准,但由于特殊的家庭背景而处于相对贫困状态的家庭,他们的抗风险能力极弱,非常容易陷入贫困。边缘户无法从社会救助中受益,作为潜在贫困者,他们就会具有趋向贫困的动力。一种情况,让自己的收入确实低于保障线,也形成了所谓的贫困陷阱;而另一种情况则可能冒着道德风险,进行收入的欺报、瞒报。两种情况都对制度发展构成潜在威胁。这一结果是与制度设计的初衷——自食其力、摆脱贫困背道而驰的。

北京市民政局2003年的一项调查也表明,低保对象中58.3%的人处于45岁以下的就业年龄段,但是低保对象中的就业率只有6.5%。在没有工作的低保对象中,46.6%的人没有再就业的意愿。另一个更小规模的调查结果或许也可以作为就业意愿不高的佐证:无工作在10年以上的比例达到31.4%,5年以上的为57.2%,如果按照3年以上的标准,这一比例达到71.6%。在救助结构设计上,大部分城市的制度设计并未考虑不同对象的不同需求。贫困家庭的基本需求根据其人口规模、结构和特殊情况而异,按照统一标准保障不同类型的贫困家庭,难以避免保障不足或过度保障的问题。

5.4.2 责任划分层面

在组织运营中首先涉及的是各级政府间责任划分,尤其是中央政府与地方政府在救助间的责任划分的问题。二者的矛盾在于,以中央政府为主的集权化可以显示政府对国民生存权的保障责任,促使在全国范围内的相对公平。而以地方为主的分权化则更加体现因地制宜,具有更高的行政效率。一般而言,有三种类型可供选择,即主要由中央政府负责(包括行政和经费)、主要由地方政府负责和混合型。① 具体责任划分的依据没有定式。

中国城市低保制度实行地方各级人民政府负责制,规定了县级以上政府民政部门负责本行政区域的低保管理工作(第四条)。然而,作

① 参见孙健忠:《台湾社会救助制度的实施与建构之研究》,时英出版社2002年版,第38页。

为政府责任的核心问题——财政支持,《条例》在中央、省级、市级、区(县)四级政府的财政责任划分方面未作统一规定也未规定统一的确定方法。仅规定,“城市居民最低生活保障所需资金,由地方人民政府列入财政预算”。低保制度的规章、文件并未规定中央财政对低保的义务和责任。

而实际上,自1999年城市低保制度运行以来,中央财政就开始给予补贴。1999年新中国成立50周年之际,中央决定各地最低生活保障标准普遍提高30%。中央财政于是拿出4亿元补贴增加开支的部分,占增加部分的80%以上。除北京、上海、山东、江苏、浙江、福建、广东等7省市以外,其他省、市、自治区都得到了来自中央的财政补贴。直到2000年《国务院关于切实做好企业离退休人员基本养老金按时足额发放和国有企业下岗职工基本生活保障工作的通知》中,国务院第一次在文件中明确提出:“各级财政要积极支持完善城市居民最低生活保障制度工作,努力增加投入,确保资金到位,对财政确有困难的地区,中央财政酌情给予支持。”此时中央财政仅作为临时性补贴的角色出现。

2001年8月,朱镕基总理在贵州考察期间指出:“城市居民最低生活保障工作,对维护社会稳定,保障国有企业改革,具有重要意义。对这项工作还是要加强,要切实落实资金,中央和各级地方财政,都要逐年增加用于低保的资金。对财政困难地区,中央财政要给予必要的补助。”这意味着中央财政对低保制度资金投入开始常规化。也是从这一年开始,中央财政补贴的比例从2成提高到4成,最高达到2003年的6成。但最近两年虽然中央投入的绝对数量都有增加,但相对比例有所降低。1999年至2005年中央政府与地方政府的低保财政责任分担情况参见表5-7。

表 5－7　1999—2005 年中央政府与地方政府低保财政责任分担情况

（单位：亿元）

年　份	低保资金总额	中央财政	地方财政	中央出资比重
1999 年	19.7	4	15.7	20.3％
2000 年	29.6	8	11.6	27.0％
2001 年	54.2	23	31.2	42.4％
2002 年	104.7	46	58.7	43.9％
2003 年	151.0	92	59	60.9％
2004 年	172.9	102	70.9	59.0％
2005 年	190.7	112	78.7	58.7％

资料来源：本表根据民政部提供数据计算而成。

从中央地方投入经费的比例来看，中央所占比例从 1996 年的 20.3％提高到 2003 年的 60.9％，从而达到峰值。最近两年有微弱下降趋势，2005 年为 58.7％。中央财政对低保制度投入的资金虽然占½强，但对于地方政府而言一般仍被视为“补助”。其中的重要原因就是，中央财政给予的资金数量和比例并不固定，分解份额以及拨付时间都不确定。这种不确定性与地方政府及低保对象的强烈的、稳定的预期形成对比，不利于低保制度的可持续发展。

需要说明的是，表 5－7 所示的资金分配并未包括制度运行的管理经费，这部分亦属于“地方责任”。这一定位使得地方在财政压力较大的情况下（尤其对于不发达地区的城市地区），无力进行必要的人员配备，成为阻碍制度发展的又一瓶颈。不仅中央与地方财政分担没有明确规范，地方各级政府之间的分担比例也差异很大。在全国范围内，市级和区级两级政府的分担比例从 3∶7 到 7∶3 不等。

在世界范围内,由于各国政治体制、经济发展、社会救助模式不同,中央政府与地方政府在贫困救助中的责任分担也不同。如意大利的社会救助方案,中央政府负责分类救助,而地方政府则负责一般社会救助。日本生活保护制度规定,中央财政负责生活保护费、保护设施管理费和各项委托事务费的3/4,保护设施的建筑费、设备费的1/2。地方财政应该负担的费用为:生活保护费、保护设施管理费和各项委托事务费的1/4,保护设施的建筑费、设备费的1/2。责任划分制度化、规范化被证明是制度有效运行的必要环节。对于中国最低生活保障制度来说,根据国情合理界定各级政府责任,且将其制度化是保证最低生活保障制度健康发展的必经之路。

5.4.3 行政执行层面

资格审查中的公示制度和组织义务劳动等程序和执行方法违背了制度的基本精神。贫困者的耻辱感和被排斥感将导致救助福利的不利用(non-take-up)等更多的新问题。耻辱感问题是社会救助领域难以完全消除的问题,普遍存在于各个国家的社会救助领域。在低保制度中,这种标签效应尤为明显。首先,申请者需要在公开、公正、公平原则指导下接受家计调查。各地在实施细则中都普遍使用了张榜公布、群众监督、入户调查①以及邻里访问的防范道德风险的方法。他们有时还必须在专门举行的听证会上将自己的生活情况、收入等(许多被认为是个人隐私)公布于众。他们的名字也会在居住区域内较为醒目的布告栏中公示。由于接受救助的事实,他们的生活方式也需要接受群众

① 入户调查者通常都是住在同一居住区、经常见面的居委会、街道工作人员,这也让申请者的耻辱感加强。

监督并受到限制。[①] 第二，低保条例规定，那些劳动年龄内有劳动能力但尚未就业的城市居民，在享受低保待遇期间应当参加所在的居民委员会组织的公益性社区服务劳动。第三，低保对象领取低保及享受其他关联救助项目这件事情本身就确定自己的被救助地位，与一般人区别开来。自己因为被贴上贫困的标签而遭到别人的另眼相看。

唐钧等在调查时常听到这样的表述："邻居经常流露出歧视的眼光和语言"；"现在领了这钱（指最低生活保障金），别人还说我不该领"；"学校有没有减免（指孩子的学杂费）不知道，我也不去问。那么小的人，同学知道了会很怪的。宁可不要。"[②]但同时，他认为张榜公布和三榜定案的做法因公开、透明而被认为是实践中行之有效的方法，应该得到肯定。[③]

中国当前虽然还没有确切的调查数据，但是，一些调查已经显示：相当数量的困难家庭不愿申请低保。他们的顾虑有三：一是怕丢人；二是担心子女受歧视；三是担心再就业受到影响。在北京等大中城市，贫困家庭对救助的不利用问题已经受到关注。2001 年，北京仍有24.4%的困难人口未能纳入低保。[④]

适度行政裁量也是执行中的一个重要问题。《城市居民最低生活保障条例》及相关最低生活保障制度文件都规定，"保障标准由各地民政部门会同当地财政、物价、统计等部门制定"，而且"按照当地生活必

---

① 如戴金首饰、家里有电冰箱等贵重电器，还有被反映经常吃荤的家庭等都不被低保制度所考虑，这些地方性的规定有的被称为"十二不准"或"十六不准"等。

② 唐钧：《中国城市贫困与反贫困报告》，华夏出版社 2003 年版，第 210、216 页。

③ 参见唐钧："加速最低生活保障制度的规范化运作"，中国网，http://www.china.org.cn/chinese/zhuanti/2004shxs/483041.htm，2004 年 1 月 17 日。

④ 参见曾煜编著：《新编社会保障法律法规与实务操作指南》，中国建材工业出版社 2003 年版，第 773 页。

需品费用和财政能力”“实事求是”地确定。无论是标准制定,还是资格审核,如资产的合法占有、收入核定、低保金计发等,都留给地方极大的行政裁量,形成了极具地方特色的变通做法。由于家庭收入核算的困难,“视同收入”、“实际生活水平”、“拥有高档消费的情况”、“日常生活状态”、“持有财产的限制性”规定等都作为审核资格的变通标准。也由于同样的原因,差额救助变通为“平均发放”的收入确定法普遍存在。能否按照规定参加义务劳动也成为判断是否有资格享受待遇的标准之一。申请者合法持有财产的限制性规定也是各地变通标准的一个重要体现,只是关于合法持有的财产有不同规定。学者们在论述中都默认了一个事实,就是地方政府变通标准或自由裁量无法完全避免,但可以逐步划定更趋合理的裁量范围。若地方财政状况不佳或恶化,最直接的办法就是采取减少福利所及其人员的设置来压缩最低生活保障金,甚至通过种种手段压缩被保护家庭的数量,进而影响服务的质量和最低生活保障制度的发展。

中国当前的低保制度执行中,虽然由于中央财政加大了对贫困地区低保制度的投入力度,贫困地区的救助比例有了大幅度提高,地区间“悖律”①有所缓解,但是,对地方政府行政裁量的过度给予已经影响到贫困人口享受救助的资格取得,影响到这项制度促进社会公平的功能发挥,有必要制定统一的低保标准确定方法,或规定与当地居民平均收入的比例下限,迫切需要制定家庭收入、财产核算标准,来缩小过度裁量对制度公平性的损害。

---

① 童星、刘松涛在他们的文章“我国最低生活保障制度中的问题与对策”(《学海》2000年第4期,第86页)中曾提出,低保制度中存在东西部之间的“悖律”,即东部城市的低保标准较高,低保面较大,人员配备较多,资金来源较足,操作比较规范;而中西部特别是西部城市则相反的情况。

5.4.4 组织基础和监督机制问题

救助政策的执行有赖于健全的组织机构、经费和人员基础。仅就最低生活保障制度当前的状况与1993年制度刚刚建立时相比，救助对象增加了近8倍；救助经费增长了近10倍；对象确定手段也从名义上的财力调查逐步转向规范化的财产调查，从单一标准发展为分类施保；救助项目也逐步从单项救助向综合的多项救助发展。以上数字和相关内容的发展变化，对于行政主管部门而言意味着救助工作量的大幅度增加。然而，从各地的基层执行机构和人员配置来看，与前述救助对象、经费等变动比例相差甚远。正如很多学者（如唐钧）论及的那样，由于经费问题，民政系统内部，尤其是区县级民政部门多数都未设立专门的低保管理机构，基层民政部门和街道办事处、社区居委会也没有专职人员。不仅缺乏专业性，而且管理和服务质量也无从保证。社会救助包含专业性较强的社会工作内容，需要专业性人才才能承担。当前社会救助管理和执行人员的专业素质和信息化建设的滞后严重影响了社会救助效果及其发展。组织基础严重不到位。

在贫困救助管理中有两个层次的监督，第一个层次是政府内部监督，即政府自行组织专门部门以管理低保资金使用和低保制度运行。《城市居民最低生活保障条例》规定，财政部门、审计部门依法监督城市居民最低生活保障资金的使用。以资金管理为线，对行政机构或相关人员的行为合法性进行监督，如最低生活保障资金的使用是否合法，行政人员是否玩忽职守、营私舞弊或是贪污、挪用、扣押、拖欠款物等等。第二个层次是外部监督，即服务对象对救助管理机构的监督，服务对象对救助权利、待遇标准等相关决定如有意见，可依法申请行政复议，对复议决定仍有异议的可依法提起行政诉讼。

第一层次的内部监督一般关注资金使用及制度效率。而对工作人员更多的行政裁量监督动机不足,无法行使有效监督。第二层次的外部监督,实际上是信息、资源劣势方对优势方在不对称条件下行使的监督,虽然具有强烈的动机,但由于掌握信息和资源的劣势使得无法对行政方进行有效的监督。在一些国家,每年关于贫困救助申请复议和诉讼的个案数以及胜诉率的统计不仅可以反映贫困者接受救助的权利意识变化,有时还可以反映外部监督的局限性。但中国目前还缺乏相应的数据资料。

事实上,现行救助管理的监督缺少一个在信息、资源、动机方面可以担当监督任务的介于个人与政府之间的媒介组织。也正因为监督不力,行政管理方的玩忽职守、徇私舞弊等违法违规行为大量存在,许多符合救助资格的贫困者由于缺乏信息、机会成本等原因不能通过正当的法律诉求争取自己的权利,造成漏救。要解决低保制度运行中存在的许多问题,除了需要加强制度的统一性和规范性,还要健全监督机制。

5.4.5 社会效应层面

从贫困救助发展的角度,以最低生活保障制度为核心的新的救助政策增强了被救助者的社会归属感。制度的诞生使得原来被单位和救助政策排斥的下岗失业人员重新回归社会。然而,社会政策在反社会排斥的同时也可能会产生社会排斥。1998 年欧盟发表的 13 个成员国范围内关于人类尊严和生活质量的调查报告也赞同这一点。这个报告认为,国家、市场和社会这三种不同制度产生的力量可能形成社会排斥,也可能形成社会融合。达夫(Duffy)也讨论了由于社会保护政策问题而产生的排斥。在社会保护领域,社会排斥问题表现在:需要社会保护的社会群体所得到的社会保护的实际收益低,国家不能提供比较慷慨的最低收入保证。①

具体到贫困救助政策,因采取财力调查的方式,所以产生社会排斥的环节会更多。在政策制定、政策执行、政策结果以及主观感受(耻辱感)等方面都会产生社会排斥。

关于中国城市最低生活保障制度中的社会排斥,唐钧认为,社会政策的"游戏规则"造成了社会排斥。低保制度中最直接的社会排斥表现就是,这项制度在全国全面实行两年后,享受低保的人数仍仅占贫困人口总数的一小部分。按照最保守的估计,全国城市贫困人口有 1 500 万,而仅有 381 万人享受低保制度救助。他认为,导致这一结果的原因有三,即制度设计和实施层面的社会排斥、思想观念层面的社会排斥以及资源分配层面的社会排斥。在唐钧近两年的文章中,他重新评价了低保制度,认为政府已基本克服了资金瓶颈。

那么,低保制度发展至今,它所覆盖的人口达到 2 200 万以上,是否可以认为低保制度中的排斥现象已经消除?

中国城市居民的低保制度在反社会排斥和促进社会融合的同时,其本身依然将社会排斥作为副产品生产出来,表现在政策对象的目标定位、政策过程以及政策效果上。

首先,从低保制度对象的目标定位(targeting)来看,低保制度将很多贫困人口排斥在外。由于城镇非农户口的限制,低保制度将 1 000 万以上贫困的流动人口排斥在外。即便是拥有城镇户口的事实贫困人口,因为主管部门"有多少钱办多少事"的救助经费限制而被排除在外。2002 年以来,政府宣称实现了"应保尽保",但正如前文所述的,按照学

① 参见彭华民:"社会排斥与社会融合——一个欧盟社会政策的分析路径",《南开学报》(哲学与社会科学版)2005 年第 1 期,第 27 页。

者估计的中间值 3 000 万贫困人口,制度捕捉率也只有 70%左右。按照国际上一般采用的联合国划定的每人每天收入或消费 1 美元的最低贫困线标准,以及全国城调队最新调查数据还可以得到不同的结果。将全国城镇人口进行十分法,2004 年,中国城镇最低收入户(人均每天 0.95 美元收入)和困难户(人均每天 0.77 美元收入)全部陷入贫困状况,都低于联合国划定的每人每天消费 1 美元的贫困线。2004 年城镇总人口为 54 283 万人,而最低收入户占城镇总人口的 10%,则最低收入户约有 5 428.3 万人,而其中困难户占城镇总人口的 5%,约有 2 714.15 万人。也就是说,按照国际贫困标准,到 2004 年底,中国城市涌现出 5 000 多万贫困人口。① 按照这一标准计算,中国城市低保制度的捕捉率还不到 50%。它将超过 50%以上的贫困人口排斥在外。

其次,低保制度的执行过程产生社会割裂(social division)。采取财力调查的社会救助的实施基本将国民区分为接受救助者与提供救助者两大类,形成两个不同的"国度",因而会出现社会分裂的情势。② 在执行中,对申请者是否具有享受低保资格的判断,很大程度上取决于各地低保政策、细则,也就是当地政府的手中的裁量。他们出于财政压力的考虑,限制被救助的人数。通常的变通办法和形式如下:(1)一些城市规定,凡是处于劳动年龄以内的人(男,16—60 岁;女,16—55 岁),没有工作的一律视为获得最低工资;(2) 一些城市规定,凡是发不出工资或者没有领到下岗职工生活费的,一律认为是单位对个人的负债,视同已经领取;(3) 有的地方规定,凡是女同志佩戴金首饰的家庭,不在发

---

① 虽然由于组内收入差距问题,这种计算方法并不十分精确,但从平均贫困深度的角度,计算的结果是有参考意义的。

② 参见孙健忠:《台湾社会救助制度实施与建构之研究》,时英出版社 2002 年版,第 15 页。

放最低生活费用考虑之列;(4) 有的地方规定,凡是家里有电视、电冰箱等电器的家庭,不在发放最低生活费用考虑之列;(5) 有的地方规定,凡是居委会反映经常吃荤的家庭,不在发放最低生活费用考虑之列;(6) 中央企业的职工家庭,地方政府不管;(7) 集体企业职工家庭很难纳入低保范围,等等诸如此类。实际的条条框框很多,常被称之为"十二不准"、"十六不准"。城市低保制度在实际执行时控制得非常严格,一方面,把许多应该救助,而政府无力救助的对象排斥在城镇低保线以外。另一方面,通过这些严格的为防止道德风险的执行标准,给申请者带来耻辱感,在主观上形成了排斥感。

第三,低保制度的结果也产生社会排斥。他们的生活方式受到限制,正如执行过程中资格取得的要求那样,作为政策眷顾的结果,他们也必须维持"贫困"的生活方式,否则将被认为"浪费"而被取消救助利用资格。在成功取得救助权的同时,他们也同时被排斥在非贫困人口之外了。政策结果实际上进一步划清了救助者和被救助者的界限。正如西梅尔的经典描述:贫困者接受扶助以后就已经不是普通的市民了,因为他们不用交税,他们的市民权会受到限制,贫困者在社会的里面又同时在社会的外面。①

按照上述分析框架,贫困救助政策会产生社会排斥。然而,从目标定位、政策过程和效果的角度,中国当前城市居民低保制度的社会排斥效应明显。

5.4.6 小结

社会救助是一门包含社会学、政治学、人口学、经济学,甚至心理学等多领域内容的综合研究学科,也是一个实践性很强、影响广泛的社会

① 参见[德]西梅尔著,居安止译:《社会学》,白水社1994年版,第61—100页。

活动。为了分析的方便,本书从政策制定层面、责任划分层面、行政执行层面、组织基础和监察机制层面以及社会效应层面分析低保制度的问题。正如本书第二章所述,有些问题我们还无法从现有贫困和救助理论中得到很好的解释,并找到切实可行的解决办法。对中国低保制度的上述问题的分析也恰恰反映了这一点。比如,贫困的测量以及救助的测量关系到救助政策标准的制定,是救助工作的核心问题所在。各国的具体实践中,确定贫困和救助标准的方法各有不同。由于不同的确定办法本身具有各自优势和内在劣势,在理论上还存在相当的争议。因此,虽然方法相同,但在很大程度上受到各国具体情况的影响,理论上存在的问题最终毫无例外地转化为不同的实践问题。再如,作为社会排斥的表现之一,接受救助的耻辱感问题更是当前贫困救助无法解决的副产品,当它与贫困陷阱问题相联系时,救助问题就会变得更为复杂。这也是今天许多发达国家福利改革面临困境的重要原因。另外,还有一对反映贫困救助社会效应的矛盾,即贫困救助政策在客观上既是一种促进社会包容的安排,但同时却在一定程度上产生社会排斥的效应。与以上所列问题不同,组织运营问题属于单纯操作层面的问题,但它在很大程度上是理论困境的现实体现。

具体到中国而言,城市最低生活保障制度作为现行城市贫困救助政策的核心部分,上述问题不仅反映了整个救助领域共同面临的难题,而且反映了中国转型期的特殊性。现有贫困测量及救助标准的简单化处理方式,制度执行过程中特别的财产调查和监督方式以及基础性的组织运营问题等综合作用而产生的贫困陷阱以及社会排斥的经济和社会效应,也恰恰反映了转型期中国城市贫困救助的特殊性。这些问题性(或不完善性、落后性)同前述论及的发展性(或进步性)是与转型或转型期的上升性和过渡性密切相关的。

那么，论述至此，一个问题就自然而然产生了：这些问题的根源是什么？对这个问题的解答，本书从分析和判断中国转型期城市贫困救助政策的政府动机的理论定位开始。

5.5 中国转型期贫困救助政策的理论定位

5.5.1 社会稳定——转型期的重要"话语"

新中国成立之前，无论是封建王朝还是国民党统治下的政府，在贫困救济方面，除了集体收养外，都采取非制度性的消极措施。社会主义制度建立起来以后，中国逐步实行了符合高度集中的计划经济体制的社会保障制度：单位负责职工；政府负责"三无人员"。因此，困难职工的帮困由单位负责，而对特殊的贫困对象，尤其是"三无人员"实行定期定量的救济则由政府负责。国家在贫困救济中"剩余角色"的定位是当时社会价值观、发展状况、发展战略等综合作用的结果。它一方面确实体现了社会主义优越性，而更为重要的是对人们意识形态的重新建构，进而整合社会。对流民的收容、改造、救济以及接收救济不与新中国为敌的旧政权政府人员及军队都更加体现了新中国成立初期进行社会控制并稳定社会的动机所在。时任主管经济副总理的陈云在《目前财经工作中应注意的问题》中有一段讲话"全部接收在旧政权下工作过的人，财政上负担很大，但是，裁了这部分人，让他们失业，没有饭吃，问题更大"，"现在养着这部分人……待解放地区的人看到，这部分人生活都有了保证，就不怕了，反抗的人就少了，这样战争可以更快结束了"①。

① 《陈云文选》(1949—1956)，人民出版社 1984 年版，第 15 页。转引自张家敏：《建国以来：1949—1997》，香港政策研究所出版社 1997 年版，第 23 页。

因此,有学者也得出结论:在社会主义初级阶段,对那些无劳动能力的人提供直接的援助只是迫不得已的做法,亦只能从人道主义和社会稳定的角度作为支持论据。[①] 这一观点在 1978 年以后增加的若干类的救济对象中可以找到更多论据。

随着社会转型的继续和社会分层的日渐清晰,中国城市居民的社会分层意识在过去十年迅速强化,相对剥夺感在一定阶层表现更加明显。冯仕政的对比研究结果也证明了上述结论。他利用 2003 年 GSS 数据分析城市居民的社会分层意识,同时与卢汉龙 1991 年在上海以及刘欣 1996 年在武汉所作的同类调查进行比较,比较的结论是相对剥夺感在一定阶层表现非常明显,从职业来看相对剥夺感最为强烈的两个阶级分别是工人和无业、失业、下岗人员。根据美国社会学家 T. 格尔(T. Gurr)在《人们为什么要造反》(*Why Men Rebel*?)一书中的理论,每个人都有一个价值期望,而社会则有一个价值容量。当社会变动导致社会的价值容量小于个人的价值期望时,人们就会产生相对剥夺感。相对剥夺感越大,人们造反的可能性就越大,破坏性也越大。[②]

李静君在《中国工人阶级转型的政治学》中提到,原来大的国有企业的相对集中的方式,方便了下岗失业工人在抗拒中的动员。下岗和失业问题是导致社会动荡的深层因素之一。[③] 动乱与贫困相随,为了政治稳定,反贫困必然应当成为转型国家最大的、最现实的政治问题。

---

① 参见黄黎若莲:《中国社会主义的社会福利——民政福利工作研究》,中国社会科学出版社 1995 年版,第 238 页。

② 参见冯仕政:“城市居民的阶层意识与社会认同”,《中国人民大学中国社会发展研究报告 2005》,中国人民大学出版社,第 131 页。

③ 参见孙立平:《转型与断裂》,清华大学出版社 2004 年版,第 353 页。

学术界也从未回避相应的制度安排的政治功能。城镇最低生活保障制度有利于化解社会矛盾，理顺群众情绪，消除社会不稳定因素（成志刚，1998）；符合社会稳定的需要（唐钧，1998）；而“花钱买稳定”则仍然是现行制度的形象说法（慈勤英等，2001）。国有企业下岗失业人员的出现一开始就得到学术界和政府的高度重视，因此，救助制度执行中也侧重于对他们的救助。从最低生活保障救助人群的构成来看，下岗职工家庭占绝大部分，分别占城镇贫困家庭和贫困人口的85％和80％。[①] 如此高的救助比例与保持社会稳定的动机不无联系。

和城市下岗失业人员相比，中国的二元社会政策下，城市中另一个边缘群体——流动人口就没有那么幸运了。对流动人口的救济和管理首先表现在1982年国务院制定的《城市流浪乞讨人员收容遣送办法》（简称《收容遣送办法》）。其中第一条规定，“为了救济、教育和安置城市流浪乞讨人员，以维护城市社会秩序和安定团结，特制定本办法”。从立法条文上看，《收容遣送办法》的功能似乎是救济和治安管理合二为一。然而，条文的字面含义及初衷是“维护城市社会秩序和安定团结”，这一救助制度在后来实践中产生的异化[②]过程也印证了这一点。2003年8月，国务院《城市生活无着的流浪乞讨人员救助管理办法》（简称《救助管理办法》）开始实施，强调了国家对城市生活无着的流浪乞讨人员的救助责任和接受救助的权利保障。但从救助的期限（仅仅10天）、受救助者的义务以及后期处理上看，仍然抹不去维护城市秩序

---

① 参见慈勤英、陈晓灿：《城市贫困人口社会救助方式选择的反思》，《华中理工大学学报》（社会科学版）2000年第14卷第1期。

② 王行健在《社会保障制度》转载的“社会救助制度的异化和变革——从收容遣送到救助管理”一文对制度的异化过程进行了较为详细的阐述。他认为《收容遣送办法》在实践上发生了严重的异化，即从救济安置到治安管理。笔者并不完全赞同这一观点。

的影子。[①] 另外,随着二元劳动力市场分割状况的改善,农民工作为流动人口的主体开始在城市出现。无论从绝对的生活状态,还是从相对的社会剥夺、社会排斥上看,他们的贫困程度甚至远远超出政府认定的城市居民的贫困,然而却长期未得到足够的关注。近两年情况有所改善,关于建立农民工社会保障制度的建议开始在学术文章上大量出现,其中不乏从国家长治久安和社会稳定角度的论述。

中国政府对于国有企业下岗失业人员的定位及低保制度建设的出发点可以从 20 世纪 90 年代以来中国政府发布的关于劳动和社会保障重要文献中得到答案。其中最具代表性的有:

(1) 朱镕基总理 1994 年 11 月 4 日在全国建立现代企业制度试点工作会议上的讲话要点《现代企业制度改革试点的几个问题》的“建立社会保障体系是国有企业改革最重要的配套措施”部分提出:“要逐步建立社会保障体系……这是深化国有企业改革的最重要的配套改革。搞好国有企业需要逐步做到企业能破产、职工能辞退,解决好这两个问题,企业效益才可能上去。做到这两点,必须有配套政策。破产企业的人员要妥善安置,工人的基本生活要有保障,否则社会不稳定。”[②]

(2)《国务院关于在全国建立城市居民最低生活保障制度的通知》(1997 年 9 月 2 日)中赋予了城市居民最低生活保障制度一定的政治任务,“它的建立和实施,充分体现了社会主义制度的优越性,体现了党和政府全心全意为人民服务的根本宗旨,有利于维护社会稳定、促进经

① 受助者承担的义务有:如实提供本人基本情况,遵守法律法规及救助站的各项规章制度等。受助期满后,应联系受助者户籍所在地并将其送回,家庭承担对流浪乞讨人员的抚养、赡养等义务。《救助办法实施细则》还特别规定了若受助者感染传染病则强制隔离救治的情况。

② 劳动和社会保障部、中共中央文献研究室编:《新时期劳动和社会保障重要文献选编》,中国劳动社会保障出版社、中央文献出版社 2002 年版,第 163 页。

济体制改革的顺利进行”①。

(3) 中国共产党十五大文献中阐述,“在社会主义初级阶段正确处理改革发展同稳定的关系,保持稳定的政治环境和社会秩序具有极端重要的意义”②。

(4) 1997 年 12 月 9 日,江泽民主席在中央经济工作会议上的讲话中,在“切实安排好群众生活,维护社会稳定”部分中,着眼于“为之于未有,治之于未乱”,他说,“当前,我国社会经济生活总体上是稳定的、健康的,但影响社会稳定的因素仍然存在,其中一个比较突出的问题,就是近年来下岗职工增多,再就业压力加大,少数城市居民生活存在困难,这已成为影响企业改革、经济发展和社会稳定的全局大事”③。

(5) 2000 年 5 月 26 日,朱镕基总理在进一步完善社会保障体系座谈会上的讲话中,以“加快完善社会保障体系,切实保证国家的长治久安”为题,强调了社会保障制度在社会中“稳定器”、“减震器”和“调节器”的功能,“是实践我们党的根本宗旨的要求,也是深化改革、稳定社会、安邦兴国的根本大计,有着重大而深远的政治意义和经济意义”。虽然他也阐述了,社会保障体系建设是为了保障广大劳动者的基本权益和基本生活,但他强调了这是共产党的性质和根本宗旨决定的,无疑是与政治相联系。他认为,“三条保障线”和“两个确保”“对于保障广大职工和离退休人员的基本生活起到了重要的作用,有力地维护了社会稳定,保障了

① 劳动和社会保障部、中共中央文献研究室编:《新时期劳动和社会保障重要文献选编》,中国劳动社会保障出版社、中央文献出版社 2002 年版,第 259 页。

② “中国共产党第十五次全国代表会议公报”,《人民日报》1997 年 9 月 29 日。

③ 劳动和社会保障部、中共中央文献研究室编:《新时期劳动和社会保障重要文献选编》,中国劳动社会保障出版社、中央文献出版社 2002 年版,第 275 页。

改革开放和经济建设的顺利进行”。[①]

(6)《国务院关于切实做好企业离退休人员基本养老金按时足额发放和国有企业下岗职工基本生活保障工作的通知》(2000 年 5 月 28 日)中针对“一些地区未能完全做到两个确保”和“个别地方还由此产生了不稳定因素”的问题,要求“各地继续把两个确保作为一件大事来抓,为维护社会稳定、促进企业改革和经济发展发挥了重要作用”[②]。

(7) 朱镕基总理在贵州考察期间指出:“城市居民最低生活保障工作,对维护社会稳定,保障国有企业改革,具有重要意义。对这项工作还是要加强,要切实落实资金,中央和各级地方财政,都要逐年增加用于低保的资金。对财政困难地区,中央财政要给予必要的补助。”

(8)《国务院办公厅关于进一步加强城市居民最低生活保障工作的通知》(国办发[2001]87 号)提到:“城市居民最低生活保障制度是我国社会保障体系的重要组成部分,是从制度上保障城市贫困人口基本生活的重要途径,体现了社会主义制度的优越性和全心全意为人民服务的根本宗旨,对于完善社会主义市场经济体制、维护社会稳定、保障国有企业改革的顺利进行和国家的长治久安具有十分重要的意义。”同时,《通知》特别提出“尤其是远离军工、矿山等企业符合条件的贫困职工家庭纳入最低生活保障范围,不得以任何理由将他们排斥”。“对企业改组改制和产业结构调整过程中出现特殊困难人群,特别是中央、省属企业和城镇集体企业的特困职工家庭,以及下岗职工基本生活保障向失业保险并轨中新出现的需要最低生活保障的人员,要作为工作重

① 劳动和社会保障部、中共中央文献研究室编:《新时期劳动和社会保障重要文献选编》,中国劳动社会保障出版社、中央文献出版社 2002 年版,第 438 页。

② 同上书,第 455 页。

点，及时纳入最低生活保障范围。"①

社会政策的"话语"在 2004 年以后开始有了新的转变。2004 年 9 月，中共十六届四中全会从加强党的执政能力建设的高度，将"不断提高构建社会主义和谐社会的能力"作为党的五大执政能力之一。2006 年 10 月，中共十六届六中全会通过《关于构建社会主义和谐社会若干重大问题的决定》，是对构建社会主义和谐社会具有重大指导意义的纲领性文件。胡锦涛主席还在省部级主要领导干部提高构建社会主义和谐社会能力专题研讨班上的讲话（2005 年 2 月 19 日）中指出，"维护和实现社会公平和正义，涉及最广大人民的根本利益，是我们党坚持立党为公、执政为民的必然要求，也是我国社会主义制度的本质要求"，"要进一步完善社会保障体系，逐步扩大社会保障的覆盖面，切实保障各方面困难群众的基本生活，让他们感受到社会主义大家庭的温暖"。自此以后，"科学发展观"、"和谐"、"公平"等话语频繁出现在社会政策、制度的制定和贯彻过程中。"构建和谐社会"的目标与过去"小康社会"、"稳定社会"的目标相比，它具有更广泛的内涵，是超过单纯的经济意义或政治意义，同时具有社会意义的目标。它是对发展目标和执政理念的提升，表明了中国共产党执政理念的深刻变化。救助政策的社会控制和为国企改革配套的功能主义思想开始减弱，而社会整合论和社会进步论的思想开始增强。社会救助制度的综合发展面临新的发展契机。

5.5.2 小结

贫困救助的普遍功能之一是维持社会共同体的需要，或社会控制。这是任何一个国家都无法回避也无须回避的。中国在转型的特殊时期

① 劳动和社会保障部、中共中央文献研究室编：《新时期劳动和社会保障重要文献选编》，中国劳动社会保障出版社、中央文献出版社 2002 年版，第 543 页。

尤其强调了这一功能。贫困救助政策的文件和指导思想(如《条例》、《通知》、领导者的讲话等),一度以“社会主义优越性”、“党的宗旨”为依据,实践“保持社会稳定”的目的。无论是官方正式与非正式的表述,还是学者的声音,都十分强调贫困救助政策的稳定社会职能。然而最近几年,维护公平和正义,创造和谐的社会环境的思想得到全社会的关注,并将其逐渐融入政策的制定和完善中来。贫困救助政策中社会控制的痕迹在减弱。

第六章　基本结论和政策建议

在前面几章中，本书先后说明了研究背景、意义等内容，对国际、国内相关文献进行了梳理，在说明中华人民共和国成立以来城市贫困救助政策演变及其背景变迁的基础上，对转型时期贫困的特殊性以及贫困救助政策的发展性和存在的问题进行了分析，包括变迁的内容、政策选择的影响因素等等。本章将对相关结论作一总结，对中国城市贫困救助政策的发展提出建议和展望，最后对本书的发展性进行探讨。

6.1　基本结论

6.1.1 贫困是“自由”过程中的社会排斥

这里我们将“自由”定义为经济自由主义的自由，即通过市场机制自发作用来配置社会资源。社会主义制度在新中国成立以来，计划经济体制实际上是对自由进行了一定程度的限制，这些限制在起点、过程中以及结果上都促进平等化。在城市，每个居民享有就业的保障，在拥有社会身份的同时更因为是企业固定资本的一部分而使流动性得到限制。全民所有制和集体所有制企业的生产是在国家统一组织下进行的，一切生产资料和生活资料归公有。工资体制也是国家规定的，严格控制工资差别。同时，国家社会保障制度下的福利更加具有平等化特征，简而言之，一方面，资源的流动受到限制；另一方面个人所得的差别十分有限。而这种体制的结果就是,中国社会在很大程度成为一个平均主义的和同质的社会,人们在经济上和政治上"平等"地工作和生活,也形成了几乎过剩的平等意识和追求公平的欲望。①

而20世纪80年代初中国的市场化转轨从某种意义上说是追求自由的过程,中国的经济体制改革不同于前苏联、东欧国家,是在政治稳定的前提下引入市场经济。当市场对资源配置起主导作用时,从生产、交换、分配三个环节上考察中国经济制度与西方国家的市场机制没有本质上的差别。随着中国在意识形态和制度上允许并鼓励人们利用禀赋和掌握的资源创造物质财富,虽然在改革初期市场体制被证明具有平等化的效应,但是随后就验证了一点,即不平等效应开始伴随着自由产生了。劳动力流动开始逐步自由,企业用工逐步自由,在分配过程中,利用自身的能力、权力、资源合法地获取收益得到鼓励。随着自由在深度和广度上的扩大,城市居民收入分配的不平等程度持续扩大。

在追求自由的转型过程中,产业结构发生了巨大变迁,他们中的一些人由于个人条件等诱发因素而被劳动力市场排斥,成为下岗、失业人员;一些人即使没有被劳动力市场排斥,但由于身份(城镇居民身份、国有单位身份等)被排斥在各项社会保护制度之外而更易陷入贫困。社会排斥涉及多个面向:社会面向、经济面向、政治面向、文化面向、关系面向、制度面向、空间面向、个人面向、群体面向、邻里面向。② 而中国转型期城市中的社会排斥则发生在以上各个方面,同时由于转型期的特殊性,各面向的社会排斥更加严重。导致的结果就是,一部分社会成

① 参见钟家新:"社会保障制度的建构与中日传统文化的走向",《社会保障研究》2005年第2期,第84页。

② 参见陈树强:"社会排斥:对社会弱势群体的重新概念化",http://www.sociology.cass.cn,2005年6月18日。

员由于制度建构、个人资质等原因，缺乏必要的进入主流社会生活空间和获得相应社会权利的机制，而生活在贫困状态。社会排斥是使他们陷入贫困的原因，也是他们作为贫困群体的结果。

6.1.2 贫困的转型特征正在消退

中国转型期的城市贫困具有与计划经济时期和成熟的市场经济体制社会不同的特殊性。这一特殊性就集中体现在贫困群体的构成及其致贫原因上。转型期的城市贫困是常态社会贫困与异态社会贫困的结合。

常态社会是指成熟的市场经济体制社会或成熟的计划经济体制下的社会，常态社会的特点是经济体制和相关制度较为完善，并具有稳定性。异态社会则相反，是指从一个常态社会向另一个常态社会转变过程中的社会状态，异态社会的重要特征就是过渡性。计划经济时期，中国的城市贫困群体包括那些"三无人员"、由于特定原因致贫的无单位的社会困难户以及有单位的由于家庭负担等原因致贫的困难职工，他们分别将被划分为政府和单位负责救助。在成熟的市场经济社会中，城市贫困群体一般主要由劳动能力受到限制的社会弱者(如老年人、妇女)、失业人员构成。而转型期的中国城市贫困群体则主要包括"三无人员"、下岗人员、离退休人员、在职职工、失地农民以及流动群体。从群体构成来看，转型期的贫困继承了计划经济常态社会下的贫困，而市场经济产生的贫困也已经开始有所体现。同时，转型过程中，还出现了异态社会下的贫困群体，如下岗人员、流动人口。从致贫原因看，贫困既有计划经济时期的延续，又包含了市场运行的必然结果，还有转型过程中各项制度从规范到失范，然后再到规范过程中失范的原因。因此可以说，开始于 20 世纪 80 年代，到 90 年代末异常严峻的中国城市贫困具有转型期阶段性的特点。待市场经济体制及相关制度完善时，前文分析的部分致贫原因将不复存在,由于这些因素导致的特殊的贫困群体也将逐步失去其群体性。而由于先天条件(如身体缺陷)和市场经济因素(如市场竞争)导致的贫困将继续存在。需要说明的是,转型期离退休人员的贫困与当前西方发达国家也存在的老年人贫困的致因机理并不相同,因此离退休人员的贫困问题作为转型时期的特殊问题将逐步消失。

中国转型时期的城市贫困将从特殊性走向普遍性,这也决定了中国城市贫困救助必将从强调特殊性到强调普遍性。从转型时期的城市贫困救助政策的发展过程来看,政策安排具有分割性、暂时性等特殊性。很多政策安排是为了解决阶段性贫困问题,如下岗工人基本生活保障。同时,为解决贫困人口不同的救助需求,各部门、地方政府自行设立了救助项目。从政策订立、经费支持、运营管理等方面而言,这些救助项目都是相互分割、各自为政的。虽然这样的政策安排具有针对性和操作简单化的特点,但它必将随着城市贫困问题的逐步常态化,而向综合的、持久性等具有普遍性的方向转变。

中国转型时期城市贫困的致因具有中国特色,但仅就贫困的未来发展性与表现而言,与其他国家相比并无异样。城市贫困不仅存在于当前的转型时期,中国选择了市场机制也在某种程度上意味着城市贫困和不平等作为社会问题将长期存在。中国的城市贫困特征将去特色化,与之相适应,社会救助政策的发展也将逐步去特色化。

6.1.3 救助政策的落后性与发展性并存

中国转型期以来,无论是相对于过去,还是相对于其他社会保障政策,现行城市贫困救助政策所取得的成绩都是值得肯定的。救助的对象、标准、组织以及支持等方面有了很大的发展。作为转型期的城市贫困救助政策重要内容——城市居民最低生活保障制度,经历了创建、探索、发展几个阶段，如今这项制度的框架已基本定型。唐钧认为，目前这项制度可能被开发的内蕴机会都已经被开发出来，并且在一定意义上已经接近了极限。他引用其他专家的“拐点”理论：低保制度要再向前迈进，可能就要考虑适时地改弦更张，寻找一种能够符合 21 世纪国际、国内新环境的新的发展思路。[①] 果真如此吗？

本书认为，中国转型期的城市贫困救助政策正如这个特殊时期一样，发展性与落后性并存。这里的落后性是指当前城市贫困救助政策不仅存在许多理论问题尚待研究，而且实际组织和执行中仍存在许多问题有待解决，如过于简单化、缺乏规范性等。这些落后性是与转型时期的特征密切相关的。许多学者在检讨城市低保制度缺乏弹性化时，都会列举中国的低保制度不能考虑到规模效应及不同需求，未能按照家庭人数、年龄结构等具体情况分别设定不同标准。其原因固然包括“中国没有可以普遍接受的随家庭规模变化而做调整的，并使最低生活保障制度的管理简单化的方案”[②]。但这种简单化的背后却表现出了转型期中国面对复杂的社会原因而导致的复杂社会问题的应急的、突击式的处理方式。对于政府而言，在组织基础、人力资源、经费支持等各个方面十分欠缺的情况下，在短短的几年内将城市低保制度建立起来并在全国普及，在一段时期内政策具有简单化、欠规范性等落后性特征不可避免。转型时期的特殊性，即上升性、政策价值观多元性、政策目标多元性、政策选择的滞后性和迂回性是这些问题存在的重要原因，只能在转型时期渐渐消解这些问题。

---

① 参见唐钧：“中国城乡低保制度的现状与前瞻”，载于汝信、陆学艺、李培林：《社会蓝皮书 2005：中国社会形势分析与预测》，社会科学文献出版社 2004 年版，第 255—256 页。

② 中国城镇贫困研究课题组：《城镇贫困：中国发展的新挑战》，经济科学出版社 2003 年版，第 57 页。

6.1.4 社会控制的政策定位开始转变

转型时期城市贫困救助中政府责任的理论基础有四个方面:第一,控制性,即维护社会秩序和稳定,实现社会控制;第二,配套性,即为经济体制改革配套,维护劳动力市场的竞争;第三,补偿性,即为社会改革成本的承担者提供补偿;[①]第四,权利性,即贫困人口作为社会资源的共同拥有者以及作为公民应得的生存权和发展权。除此以外,当然还有基于人道主义基础的成分。贫困救助政策的转型滞后于经济体制改革,也滞后于社会保险制度的改革。这种滞后性本身以及它所导致的后果也在一定程度上说明了政府制定政策的主要推动力是社会控制。虽然在此四个理论基础中也不排除其他三者。然而社会控制的目的最为明显、直接,贫困救助政策被政府定位为稳定社会的手段和工具。更为重要的是,相对于计划经济时期,转型时期的贫困救助政策中社会控制的意图和目的性更为突出。

计划经济时期的贫困救济政策,被认为是社会主义的优越性的体现,它被认为不同于资本主义社会的救助政策。因为资本主义社会只是在孕育贫困的制度内的修修补补,是资本家用仁慈的虚伪的面孔麻痹劳动者的假象。而社会主义则通过社会革命的形式从贫困产生的制度根源上采取措施。在社会主义制度确立以后,社会主义的优越性(相对于资本主义社会)体现在为城市居民提供充分就业保证。人民是国家的主人,短缺经济和高度集中的计划经济体制决定了只能对少数边缘人口实行低水平的救济。虽然如前文所述,"计划经济时期的社会救济或许只能从人道主义和社会稳定的角度找到支持的论据",但是从救

---

① 如李军认为贫困人口作为社会弱势群体,在体制转型过程中所受的损失、所做的牺牲,有权向社会取得补偿,参见李军著:《中国城市反贫困论纲》,经济科学出版社 2004 年版,第 6 页。

助对象的主体和指导思想来看，剩余型救济的人道主义色彩更加浓重一些。而转型时期开始后，从救助政策的目标、政府责任、家庭角色和个人定位来看，其剩余福利的思想并没有改变，如果从整个社会保障制度模式来看，剩余性定位更加清晰。政府认识到，在转型的特殊时期有利于稳定和不稳定的因素同时并存，转型过程中由于利益格局重新分割，各种社会矛盾容易激化。所以，在强调稳定的思路下，贫困救助政策开始酝酿重大转变。从社会保障制度转型的结果来看，更加关注通过为穷人提供基本的社会保障(即最低收入保障)而达到维护社会稳定的目标。从第四章和第五章关于贫困救助政策的分析中不难发现，现阶段贫困救助政策的制定动力就是维护社会稳定或政权稳定，并实现社会控制。

中国的社会救助强调社会控制，转型初期的贫困救助的社会控制意图尤为明显。然而最近几年，促进公平正义的理念正在影响当前救助政策的发展。社会控制的痕迹开始减弱。

6.1.5 政策问题的根源：目标偏移

现有研究已经就转型时期城市贫困救助政策的问题进行了分析，这里归结为六个层面，即政策制定层面、行政执行层面、经费供给层面、组织基础层面、支持网络层面以及社会效应层面。本书也对转型前后的政策变迁、主体角色定位变化、现有政策问题进行了立体分析。如果说这些问题的存在有一个根源的话，那么这个根源就是政策的目标偏移，偏移的结果常常是失之毫厘、谬以千里。如图 6-1 所示。

不可否认，社会政策的目标是多维的，贫困救助政策也是如此。不过，当它被用来主要行使配套经济体制改革或稳定社会的职能时，其社会职能的效果(即是否缓解贫困或社会排斥)必将受到影响。换言之，社会政策不可避免地掺杂政治、经济等其他因素。社会政策的制定和执行过程中，也为经济政策的理念和政治目标所左右。

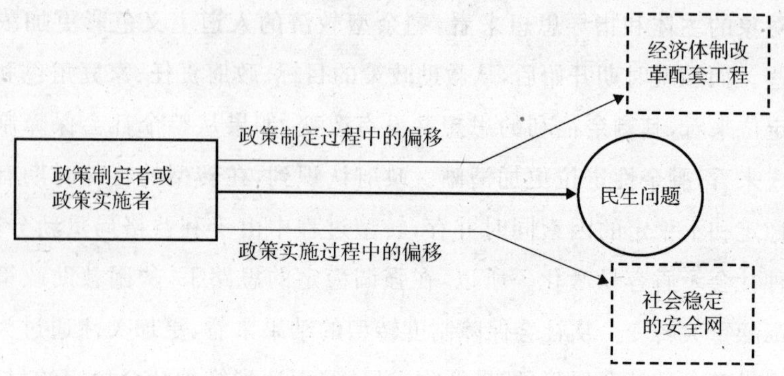

资料来源:唐钧"社会政策学科发展报告",《社会政策评论》(冬季卷)2003年,第73页。

图6-1 政策过程中的目标偏移——以社会保障为例

中国进入市场经济的转型期后,有两句话最能反映改革具体措施中所蕴涵的政治哲学:第一句是"不管白猫还是黑猫,抓住老鼠的就是好猫。"它反映了效率优先的改革理念以及实用主义的处理问题的方式。另一句是"摸着石头过河",它反映了在没有整体的预先设计好的蓝图下处理问题的态度。这也一定程度上为政策本身留有走弯路甚至错误的空间以及纠正的余地。这两句话在贫困救助政策制订和执行过程中也有所体现。作为社会政策,它常常与经济政策的理念融为一体。强调个体责任,减少政府干预。不仅是中国社会保障制度的价值取向与建制理念在总体上不甚清晰,仅就贫困救助政策而言,也承担着多重任务——政治任务、经济任务和社会任务。从中国转型时期城市贫困救助政策的定位分析中不难得出这一结论。

如前文所述,在社会的、经济的和政治的多重任务中,保持稳定的政治目标最为迫切。在这一目标指引下设计出来的政策最初就充当起"头疼医头,脚疼医脚"的功能。在将传统的"三无人员"纳入制度覆盖范围后,在执行中也优先将那些国有企业下岗失业人员保护起来。从制度设计到制度推广和实施，虽然效果被一致看好，但制度推行后暴露的一系列问题，如标准过于简单化(或称缺少弹性)、经费分担、保障线衔接、不同救助项目协调性(导致贫困陷阱)等制度设计问题都暴露了政策推出时稍显匆忙和草率。

6.1.6 政府责任不容回避

现代城市贫困救助政策与传统贫困救济应当具有明显差别。当前的现代贫困救助则更加体现了国家的责任和受助者的权利，责任和权利都是基于一定社会共识基础之上的。各国政府依据相关法律提供的社会救助也以相关法律制度为依据，救助者与被救助者之间形成了一种法律契约关系。

城市贫困作为一个社会问题的客观事实已经被普遍认可。从转型后救助政策及实施的走向看，政府对城市贫困这一问题的态度从"回避"到承认社会分层、社会弱势群体以及贫困者的存在，并在政策实践中已经承担了救助的部分责任。

但值得注意的是，一些看似合理的建议或看法可能影响政府履行贫困救助责任。例如，遵循经济增长＋公平的强调效率性的开发性扶贫政策。这种观点认为政府用行政关系取代信贷关系、经济关系需慎重，通过强调效率来促进公平。然而事实是，强调效率的政策往往使得财政转移支付的中间环节拉长，贫困者获得救助的流程更长，变数增大。因此，政府致力于开发性扶贫政策虽然有时非常必要，但无法取代直接的贫困救助政策，政府在其中的责任更不能因此被削弱。卢梭的以下描述或许能够提供些许支持：

> 政府的性质也不一样，他们的胃口也有大有小；而且这些不同还有基于另一条原则，即公共税赋距离他们的来源越远，则负担越重。衡量这种担负，决不能只根据税收的数量，而是要根据税收转回到纳

税人的手里时所必须经历的路程。如果这一流转过程既简捷又规定得好,那么无论人民纳税是多少,都是无关紧要的;人民总会是富足的,财政状况总会是良好的。反之,无论人民所缴纳的有多么少,如果连一点点也永不再回到人民手里的话,那么由于不断的缴纳,人民不久就会枯竭;于是国家永远不会富足,人民就永远都是贫困的。[①]

再如,为了完善社会救助的资源整合机制,学者们都提出过诸如"利用民间资源"、"鼓励慈善事业发展"的建议,他们包括郑功成、唐钧、洪大用等。这些建议大多是合理和有益的。但是,政府在接受这些建议的同时,可能并没有将其建立在自身履行责任的基础之上。如同民政系统一位官员针对"乞丐宴"[②]所作的评论,"这是一件好事,应该在全社会提倡这种慈善行为……"

社会救助的基础性作用是保证人们基本的生活,被称为最后一道安全网。其他各项目标都是建立在此基础之上的。在转型的关键时期,政府需要承担救助贫困者的天然的责任。"统筹发展观"和构建"和谐社会"的政府发展目标也要求救助制度构建的过程中必须转变现有的理念,而在转变和建构的过程中政府无疑也需要承担主要责任,从社会责任的角度出发,通过共同建构一个特定背景下的社会福利(救助)理念来建构一个符合时代和社会发展方向的制度。

6.2 政策建议

如前所述,中国低保制度存在的许多问题是社会救助领域的共有

① 卢梭著:《社会契约论》,商务印书馆 2003 年版,第 100 页。

② "乞丐宴"发生在 2006 年春节,是深圳市一民间人士决定在除夕之夜自掏腰包宴请 100 名乞丐的新闻事件,一时间引起社会极大反响。

难题，除了问题本身的难度外，中国转型时期城市贫困救助中存在的现实问题也较多，面面俱到地提出独到的、建设性的政策建议并不容易。即便如此，本书还是试图在几个关键问题上尝试给出建议。

6.2.1 明确政策制定层面的价值建构和定位

1. 救助的价值建构。政府基于社会稳定对贫困人口施行救助固然具有其必要性，然而在转型时期的中国却有过度强化的现象，也因此成为导致救助政策中种种问题的根源所在。救助需要政府主动和被动地塑造自身的责任和义务理念。政府责任理念的主动机制何在？至少可以从两个原理中找到动力机制。其一是通过资产管理的原理找到依据。穷人也是社会总资产的一部分，他们的作用可以是正的，也可以是负的，政府对这部分资产的管理好坏关系到整个社会的产出，将他们正的效益发挥到最大，负的效应降低到最小。这个原理的基础是，资产无所谓好坏，而管理资产的政府才应该是被评价的主体。其二是社会发展的原理。人们借用“木桶理论”解释一个现象的决定因素，将其运用在社会发展范畴中，判断社会发展的标准并非是社会的富人阶层，而是社会中贫困人口的生活状况。社会发展中的“最短木板”是社会中的穷人。除此以外，监督机制和申诉制度的健全会促使政府被动地塑造自身的责任感。

2. 明确贫困救助的定位。贫困救助是社会救助的核心部分，也是社会安全网中的重要一环。贫困救助在对抗贫困问题时，首先应基于未来整体社会保障的架构进行思考。就目前政府发展规划来看，社会救助在将来的社会保障体系中被定位为剩余角色，也就是在广泛覆盖的社会保险下为保障劳动力市场竞争机制和保障最基本的民生而采取的补充措施。而在社会保险制度完善之前，贫困救助在实践中被赋予了承担社会保险改革风险的责任。就中国转型时期社会保障制度来说,养老、医疗两个社会保险项目仍在改革的探索中,存在大量尚需解决的问题。社会保险制度改革及最后制度的基本定型在较短时间内完成是不现实的。而政府在这种情况下,就需要规划并理清社会救助在未来这些保障制度之间的责任分工与协调配合,使之相辅相成地发展。其次,在具体操作和实施中也应结合社会发展趋势来确定对抗贫困的发展方向,继而考察既有的政策在制定、执行以及评价方面是否符合这一方向。在中国当前规划的未来社会蓝图中,满足基本的生存需求不再是对抗贫困的全部目标,虽然它也暂时无法摆脱"绝对"的内核。消减相对剥夺和社会排斥并合理理定最低生活费用是贫困救助必然的发展方向。社会救助还要弱化稳定社会的控制理念,强调救助政策的人本主义价值取向以及贫困救助中政府责任和受助者的权利与选择。同时,抓住转型这个新的契机发展贫困救助。

6.2.2 政策制定、执行中削减社会排斥

世界银行将社会政策的目标确定为"消除贫困,促进包容和社会公正,使边缘化群体进入全球经济和社会的主流"[①]。2000 年,欧盟制定了计划方案,目标就是于 2010 年前消除贫穷和社会排斥。这一定位对中国城市贫困救助政策的制定和执行具有指导意义。

1. 标准制定的科学化与弹性化。救助标准的制定过程中,财力支付压力等因素导致地方政府制定的救助标准往往很低,贫困人口在接受救助后的生活仍然处于严重被社会排斥的状态。与此同时,也将一部分本应当被认定为穷人的贫困人口排斥在救助范围之外。标准的简单化设计固然方便执行,但也使得贫困者无法得到适当的扶助而降低资源使用效率。因此,中央政府应当按照当地物价水平、消费结构、平

---

① 世界银行:《世界银行中国简讯》2001 年 12 月第 5 期。

均生活水平等因素科学制定各地区救助标准，各地按照设定的标准执行。贫困人口的类型和需求不同（如标准的三口之家需要教育扶助，有老人、残疾人的家庭需要更多生活扶助等等），救助应在锁定对象的基础上作个案处理。针对当前标准设计过于简单化的问题，根据地区、家户人口、家户结构测定不同的标准方案用以反映不同需求。更加详细和规范地制定制度将减少因为地方政府的过度行政裁量而产生的社会排斥。

2. 经济调查。选择性的贫困救助政策都是采取经济调查的手段，所以作为副产品——因耻辱感而产生的社会排斥不可避免。经济调查始终是各国目标定位中较难操作的环节。然而，中国城市低保制度的调查方式却突出了这一点。张榜公布、邻里访问等虽然被认为产生了很好的过滤效果，但这种做法违背了现代救助精神，让贫困救助的社会效应大打折扣。可利用完善的银行、信用体系解决这个问题，这既让贫困救助管理部门调查效率提高而且更加准确，同时对于受助者而言，救助也变得更加人性化，更多实现社会包容。

3. 自立自助能力的培养。所谓自立自助，就是指个人能够维持自己的生活。一般而言，自立自助主要是通过工作实现。因此，自立自助与强调工作是统一的。虽然曾经作为社会普遍认可的价值观——“不劳动者不得食”已经有了改变，强调贫困者权利的呼声渐长。但自立自助始终被主流价值观认为是贫困者需要履行的义务，中国如此，其他国家仍旧如此。贫困救助政策实际上是在给贫困者以必要的扶助的同时，让有条件自立的贫困者尽快脱离贫困而达到自助，最终消除因贫困和救助产生的社会排斥。作为贫困救助政策反贫困的目标以及社会价值的建构导向，自立自助也成为世界各国社会救助最明显的发展方向。要实现自立自助能力的培养，需要从两方面入手，其一是贫困救助政策建立鼓励就业、鼓励参与培训等鼓励社会参与的机制,以激发受助者自立自助的积极性;其二就是在执行中工作人员需提高服务意识,在了解贫困者的基本情况的基础上,提供各类如培训、就业、创业等政策咨询的同时也给他们关爱和帮助,促使他们从精神上、行动上和效果上最终自立自助。

6.2.3 政策运行管理的规范化

1. 中央与地方政府间财政责任的分配。中央与地方政府责任必须明确。在社会政策的制定中,中央政府拥有人力资源优势、信息优势、统筹能力优势,一般而言,会承担一些宏观方面的责任,如立法推动责任、制度设计责任、管理责任、监督责任,而地方政府则应更多是执行、实施和配合等微观的责任。就中国城市贫困救助的实践来说,不仅地区间发展不均衡,而且同一地区不同城市以及同一城市的不同辖区的贫困状况、财政能力都差别很大。要规定一个统一的低保资金分担比例显然无法奏效,然而这也并不应成为资金分担无章可循的根据。中央政府需要统一低保标准的制定办法(包括低保标准的下限)以及统一财政责任分担比例的制定依据。如通过设定各地财政能力的评价指标,结合当地贫困状况,设定一个在一定时期内稳定的逐级划分比例。这一比例一经划定,对于中央和地方各级政府来说都具有约束力。另外,贫困救助必然朝着综合救助的方向发展,中央与地方政府之间还可以通过救助项目分配财政和管理责任。中央政府负责生活救助(也就是最低收入保障部分),地方政府则承担教育、医疗、住房等救助项目的经费支持。

2. 贫困救助项目管理的"统"与"分"的问题。贫困救助项目的完整性与一致性相当重要,相应地,在管理上就会出现如何协调的问题,即所谓统和分的问题。当前贫困救助政策是以城市最低生活保障制度为核心的多个救助项目构成的体系。这个体系就管理而言还很分散。所以，针对多头管理模式的现状，有学者建议：建立“项目统一、经费统一和管理机构统一”的城市社会救助体系(关信平，1999)。然而，救助项目间的统与分的发展规律并不一定是先分后统或是先统后分。只不过，随着救助项目从单一到组合，无法避免如何整合和协调的问题。中国台湾地区社会救助政策发展的方向就是先统而后分，就其发展观察，趋势是救助行政分化，即供给内容依主管单位之权责而又适当分工，如教育服务转移至教育部门，就业服务转移至劳工部门。[①] 而日本的发展则从《生活保护法》实行以来就是统一管理，各个救助项目及补助标准均由中央政府主管机构——厚生劳动省社会援护局制定。

建立综合救助体系是中国贫困救助的必然发展方向，整个救助系统的各自为政状态必然需要转变。民政部门历来都是主管贫困救助的行政部门，掌握贫困信息最多，救助的行政系统发展最为完善，应当承担救助的整体协调功能，对各部门的救助资源进行整合和统一管理。其他部门，如卫生部门、教育部门、建设部门等，只需针对各自服务领域配合执行。统与分的争论涉及如何协调各救助项目之间的管理问题，它关系到整个救助体系的运行效率。除此之外，中国当前的贫困救助政策中还存在一个问题，即在被认定的贫困人口与没被认定的边缘性贫困人口之间如何使救助更加公平的问题，也就是前文所述的“胜者全得”。民政部门除了认定贫困人口外，还可以将低保标准线上浮一定比例(如50%至100%)，作为确定其他非生活救助项目救助对象的标准线。

① 参见孙健忠：《台湾地区社会救助政策发展之研究》，私立中国文化大学中山学术研究所，博士论文，1994年，第251—252页。

6.2.4 政策组织基础的完善和健全

社会救助在社会保障中的地位随着社会的发展而改变,而转型时期的城市贫困救助政策承载着更大的压力和责任。相应地,执行配置政策的组织资源成为必需,包括机构的建立和人力资源的配置。

计划经济时期,贫困救助就已经是整个国家社会保障制度中的一环,然而,转型时期,社会保险制度改革仍在继续。因此,社会救助在目前或将来相当长一段时期仍扮演着重要的角色。这也将成为推进贫困救助政策向前发展的推动力。相对于最低生活保障和其他贫困救助承担的历史使命而言,现有的组织机构、人力配置都难以适应新的形势要求。而实践中承担大量工作的居委会,其组织形式与工作任务之间的矛盾对于制度发展的作用也受到质疑。[①] 从救助体系较发达的国家的经验来看,基层机构是最直接面向贫困人口并提供咨询、申请、调查、受理以及相关服务的政府专门机构,需要更多、更专业的人力。而当前中国城市贫困救助的管理机构现状却是区级、街道仅配置 1 至 2 人专职人员,居委会从事相关工作的一般都是兼职人员。因此,完善和健全组织资源最为迫切的是完善基层组织。在区县级民政部门下设置贫困救助事务所,按照各地区贫困率和被保护家庭的数量配置专职、专业的工作人员。如规定每 100 至 200 户设置一名专职工作人员负责。而居委会在贫困救助中仍然可以发挥作用,如作为受助者与基层救助机构信息交流的纽带,促进贫困群体的保护与民间社会救助活动的开展等。

6.2.5 支持网络建设

1. 完善配套制度、政策,如收入分配制度、社会保险制度等,构成一个有机的制度体系。初次分配注重效率,再次分配注重公平,在劳动

---

① 参见唐钧:《中国城市贫困与反贫困报告》,华夏出版社 2003 年版,第 165—172 页。

与资本所得的份额中,通过增加人力资本投资(提高劳动效率)和分配结构调整(注重公平)提高前者的比重。完善社会保险制度,扩大社会保险的覆盖面,在高于社会救助网的水平上编织更大的社会保险网,降低人们落入贫困的概率。只有与其他制度很好地衔接配套,才能充分发挥社会救助的社会功能。

2. 司法支持。虽然《城市居民最低生活保障条例》开辟了城市贫困救助的法制化道路,但贫困救助领域中仍存在法律少,行政规章、部门规章多,地方立法先于、细于国家立法的情况。迫切需要国家进行相关立法,强调保障力度,保证实施效果,平衡地区资源,对现有的、分散的救助政策进行整合,建立统一协调、相对科学规范的体系框架,汲取我国社会保险改革的经验教训,立法先行,使救助真正成为保障贫困人口民生状况的有效手段和途径。

3. 鼓励民间资源并完善监督机制。虽然前文提及政府需谨防通过鼓励或整合民间资源来回避政府责任,但不可否认社会捐助是社会救助资金来源的辅助渠道。在政府承担必要责任的同时,若能通过切实政策使民间资源投入到贫困救助中来并成为有力的补充,无论贫困人口还是整个社会的福利总量都将得到提高。但由于当前相关政策激励性不够,目前社会捐助比例极小。2003 年,民政系统接受社会捐助总额仅为 46.4 亿元。对于解决贫困,政府当然责无旁贷,而调动全社会的资源,鼓励慈善机构、服务于贫困人口的非营利机构的发展来减轻贫困也是政府需要考虑的问题。除在财政政策、税收政策方面鼓励这些机构发展外,可以借鉴发达国家、地区(如法国、中国香港)的经验,大力发展志愿者互助组织。同时,由于中国的非营利机构大多是官办和半官办,不利于公平竞争和长远发展。促进慈善事业发展,规范相关管理体制有利于提高公众的社会救助和社会福利水平。

除以上内容,中国基础性的调研和统计工作有待于进一步加强。从目前来看,许多数据,如被保护人员、最低生活保障管理机构及相关工作人员等基础数据无处可查,给社会救助政策决策者、管理者和研究者带来极大不便。

6.3 政策展望和课题发展

6.3.1 政策展望

自 19 世纪末到 20 世纪 80 年代,存在两种应对贫困的不同思想取向。一种是以恩格尔、朗特里及贝弗里奇等为代表,他们主张用“福利国家”防止贫困;另一种是以马克思、恩格斯为代表的,通过社会革命的方法来解决贫困。直到 20 世纪 90 年代,采用福利制度反贫困的方式成为普遍的选择。

自转型时期以来,计划经济体制下的城市反贫困机制越来越无法适应新形势的发展,政府再无法给城市居民充分就业的保证,社会保障制度也不得不开始寻求新的类型以代之。中国也经历了前述两种反贫困的取向:新中国成立以后的社会主义改造实际上就是通过建立社会主义社会的社会革命方式反贫困,当时被认为是一种从根本上消除贫困的取向;在社会主义社会建立以后以及转型时期开始后,中国的反贫困的取向实际就转向了福利制度。

在用福利制度,即社会保障制度来反贫困的方式中,贫困救助占有特殊重要的地位,这种重要性在转型的特殊时期尤为明显。在社会保险以及社会福利制度等方面导致了对城市居民保护程度降低的情况下,社会救助空前重要。安德森发表了他对中国社会保障制度的看法,他认为中国社会保障制度在今后几十年内将出现以需求为基础的社会救济。这是因为，第一，在未来几十年内新生的社会保障制度不可能为人口的绝大多数提供足够的覆盖面；第二，中国迅速的变革将不可避免地产生极大的社会风险和需求。[①] 不仅如此，中国社会保险制度的改革仍在进行，社会保障制度的具体模式（如内部项目间的定位）还未确定，社会保险改革的风险及后果必然由已经确立的贫困救助政策来承担。贫困救助在转型时期的特殊重要性奠定了政策发展机遇的必然性。也就是说，贫困救助政策在不同的政策层面都将会有所发展。

然而，中国未来的社会救助将是何种模式？本书认为，中国贫困救助政策转型是从"未发展（rudimentary）的救助体系"到自由主义"剩余"。[②]

社会救助模式研究自20世纪90年代开始，它与社会保障的类型划分既相关联又有明显差别。因社会救助的角色一般仅被看成是残补的，所以对于社会保障类型学的研究一般以社会保险和健康照顾作为划分标准，而并不以社会救助为分类的主要依据。在众多从事社会救助模式研究的学者中，罗德莫尔和舒尔特（Lodemel，I. &Chulte，B.）、厄德利（Eardley）、高夫（Gough，Ian）、艾斯平-安德森（Esping-Anderson）等人的划分方法影响较广。

未发展的救助体系型以南欧国家为代表，在这些国家中都实行了普遍的医疗制度和职业养老金制度。在这种制度模式下，家庭历来在

① 考斯塔·艾斯平-安德森在郑秉文译《福利资本主义的三个世界》（法律出版社）中文版中的序言，第4页。

② 这里的"未发展的社会救助体系"是埃德勒划分的社会救助七种模式之一，以南欧国家为代表。而"自由主义型"是艾斯平-安德森的三种模式划分之一，以美国为代表。参考Eardley，T.，et al.（1996），*Social Assistance in OECD Countries：Country Report*. London：HMSO；艾斯平-安德森（郑秉文译）：《福利资本主义的三个世界》，法律出版社2003年版，第70—74页。

安全网中发挥主要作用,几乎负有完全的照顾责任。只有当家庭耗尽其所有资源时,国家才会进行干预。一般国家仅对一些特定的群体,如老年人、身心障碍者提供救助。这就与中国计划经济时期城市居民的情况非常类似,他们享有较为完善的就业关联性的国家社会保障,医疗、养老、工伤等保障项目的覆盖率几乎达到全民所有制单位的百分之百,国家仅对特定的"三无人员"提供救济,且标准很低。

艾斯平-安德森以缓解贫困为主要划分依据,将社会福利模式分为三种,即自由主义模式、保守主义模式和社会民主主义模式。自由主义社会政策是为了解决市场失灵建立的,其特点是采用严格的家计调查以使政策关注于真正的穷人,这也导致贫困救助带有惩罚性和耻辱性色彩。除此以外,自由主义型国家中一般社会保险并不完善,社会保险的计划作用有限。这些特点都与转型时期中国城市的发展状况吻合程度较高。

在中国刚刚进入市场经济的转型期时,效率优先的观念深入人心,强调个体责任,减少政府干预。为配合国有企业改革而进行的社会保障制度改革就是强调市场机制,为保证市场竞争而进行的市场失灵矫正措施。而转型时期社会保险的不完善,又对社会救助委以重任。从这两个角度讲,中国转型时期的救助模式具有自由主义模式的一些特点。从中国社会保障制度模式的发展来看,虽然具体模式还没有确定,但是低水平、广覆盖的社会保障改革思路已经确立,无论从社会保障制度改革的发展方向,还是从社会救助政策的定位来看,剩余性的特点日渐清晰。虽然,从救助水平上,以美国为代表的自由主义模式的国家一般较为"慷慨",但是救助水平往往不构成模式划分的主要标准。

中国转型前后,虽然剩余型的社会救助模式被很多学者认同,但城市贫困救助政策却经历了从"未发展的救助体系"型的剩余转向了自由主义的剩余。

6.3.2 课题发展

本研究采用了文献和比较的方法对中国转型时期城市贫困及救助政策进行分析和评价。应该说,无论是中国社会保障还是社会政策的研究都刚刚起步,有关中国贫困救助的研究也是如此。限于研究水平、方法以及基础数据的缺乏等主客观因素,本书还存在如下不足:其一是论述的过程中有时只能进行粗略判断,无法用确切数据及相关量化分析给以论证;其二,本书引用了许多先行研究的二手数据资料,这也不可避免地会使论述的整体一致性逊色许多。其三,基于本研究的目标和任务,无法对贫困与救助的某一领域进行深入研究。对于本课题的发展性研究可以从以上几个方面入手。

除此以外,贫困救助领域存在众多困境和难题也可以为今后研究提供很好的课题,如财力调查手段的效率性讨论。财力调查或收入调查(income-test)几乎是每个国家社会救助采取的基本手段,被各国的政策制定者和纳税人所接受,其对于限制社会开支、提高社会公平度以及满足需要等方面的作用是很明显的,但是财力调查的方法也同样面临着一些争论。一种观点认为,它是有效率的。福利直接送达贫困或次贫困家庭,几乎没有任何福利落入高出贫困线的家庭。有相关测算得出,经过财产调查的福利大部分(几乎 3/4)流向收入低于贫困线的家庭,而剩下的部分则流向收入水平接近于贫困线的家庭。而另一种观点则认为即使财产调查可以很好地锁定贫困者,然而对消除贫困而言,其作用仍过于渺小。也有观点认为由于行政管理的复杂性,目标定位或财产调查的方法是十分昂贵的,需要较高水平的行政管理水平。现有文献经验性地证明了,财产调查的管理成本大约是非财产调查的社会保险管理成本的两倍。在荷兰、英国,经财力调查的社会救助的行政成本是社会保险的两倍。[①] 美国预算管理办公室(OMB)发表的数字表明,在财产调查计划中消耗大大超过贫困缺口(poverty gap)的经费,而只填补了贫困缺口的一半。研究表明,在一些西方国家,若以选择性的方式提供福利供给,行政成本要占支付资金的11%—45%。[②]

中国贫困救助政策采取的财力调查手段,其效果和效率如何,是否会得到与上述研究一样的结果,或发展趋势如何?中国贫困救助政策在这个课题的研究还几乎是个空白。

另一个对于中国具有很强现实意义的课题是关于城乡统筹发展的问题。城市贫困与农村贫困具有一定的差异性。而反贫困的手段也具有不同特点。当前,城市扶贫与农村扶贫概念化的过程中,反贫困及救助的理念具有相互渗透的趋势。农村扶贫自20世纪80年代中期开始经历了二十多年的探索和实践,农村基本是在沿用传统的救济思想和理念指导之下的反贫困政策,即增长型反贫困策略为主,分配型为辅。[③] 该政策取得了很大成绩,但自20世纪80年代中期以后,从贫困人口及贫困发生率的减少速度来看,经济增长与减贫的良好的结合态势未能持续下去,如今也面临重要转型。强调以直接性的转移支付手段进行救助

---

① Wim van Oorschot, "Targeting Welfare: on the Functions and Dysfunctions of Means Testing in Social Policy," extracted in *World Poverty: New Policies to Defeat Old Enemy*, edited by Peter Townsend in 2002, the Policy Press, p.174.

② 参见杨伟民编著:《社会政策导论》,中国人民大学出版社2004年版,第110页。

③ 1986—1999年十四年间,中央政府财政用于扶贫的专项资金为1 313亿元,其中约55%用于进行生产性项目投资,近28%用于改善生产条件硬件的项目,与贫困人口人力资本素质关系较为密切的发展基金投入比例最小,只占总投入的17%。1998—2003年的六年间,中央扶贫资金投入累计达到1 265亿元,其中财政扶贫资金占43%,扶贫贴息贷款占57%。除此以外,地方政府和社会各界也投入了大量的扶贫资金,参见国家统计局农村经济调查总队著:《中国农村贫困监测报告——2000》,中国统计出版社2000年版;财政部农业司扶贫处课题组:"我国扶贫资金投向现状及建议",《经济研究参考》2004年第69期,第4—7页。

成为人们讨论的重点。而城市，随着低保制度的不断发展和完善，在致力于建立综合型的社会救助体系的同时，还有越来越强烈的声音呼吁城市扶贫的反贫困理念，它具有与农村扶贫很大的相似性。城市和农村反贫困理念的相互渗透是中国转型期出现的新情况，对于贫困救助体系城乡统筹的发展具有重要影响作用。中国转型期城市和农村贫困救助都面临一个重要转型，也必然是朝着城乡统筹方向发展。中国城市贫困救助政策的城乡统筹也是一个值得深入研究的重要课题。

6.3.3 结束语

中国社会正处于转型的特殊时期，关于贫困的理论研究已经开始与国际接轨，但无论是与贫困密切相关的社会保障还是社会政策领域，在很多方面都有待深入研究。尤其是中国迄今为止，体制转轨远未完成，转轨过程中还将会有更多或更为复杂的问题，中国城市贫困救助领域研究仍然存在很多难以攻克的课题。笔者希望本书能给中国贫困救助研究添砖加瓦，起到抛砖引玉的作用，期待更多的研究人员投入到中国贫困救助的研究领域中来。

参 考 文 献

中文著作

[1] 财政科学研究所编:《十年来财政资料汇编》第 1 辑,财政出版社 1959 年版。

[2] 蔡昉主编:《中国人口与劳动问题报告 No.4(2003):——转轨中的城市贫困问题》社会科学文献出版社 2003 年版。

[3] 陈端计:《中国经济转型中的城镇贫困问题研究》,经济科学出版社 1999 年版。

[4] 程丹峰:《中国反贫困——经济分析与机制设计》,经济科学出版社 2000 年版。

[5] 程连升:《中国反失业政策研究——1950—2000》,社会科学文献出版社 2002 年版。

[6] 多吉才让:《中国最低生活保障制度研究与实践》,人民出版社 2001 年版。

[7] 范斌:《福利社会学》,社会科学文献出版社 2006 年版。

[8] 冯登岗、刘鲁风主编:《新中国大事辑要》,山东人民出版社 1992 年版。

[9] 关信平:《中国城市贫困问题研究》,湖南人民出版社 1999 年版。

[10] 洪大用:《转型时期中国社会救助》,辽宁教育出版社 2004 年版。

[11] 黄黎若莲:《中国社会主义的社会福利——民政福利工作研究》,

中国社会科学出版社 1995 年版。

[12] 江亮演:《社会救助的理论与实务》,桂冠图书公司 1990 年版。

[13] 劳动和社会保障部、中共中央文献研究室编:《新时期劳动和社会保障重要文献选编》,中国劳动社会保障出版社、中央文献出版社 2002 年版。

[14] 雷洪:《社会问题——社会学的一个中层理论》,社会科学文献出版社 1999 年版。

[15] 李彦昌主编:《城市贫困与社会救助研究》,北京大学出版社 2004 年版。

[16] 李军:《中国城市反贫困论纲》,经济科学出版社 2004 年版。

[17] 李明政:《意识形态与社会政策》,洪叶文化事业有限公司 1998 年版。

[18] 李强主编:《中国扶贫之路》,云南人民出版社 1997 年版。

[19] 李强:《转型时期中国社会分层》,辽宁教育出版社 2004 年版。

[20] 李培林、李强、孙立平等:《中国社会分层》,社会科学文献出版社 2004 年版。

[21] 李实、[日]佐藤宏主编:《经济转型的代价——中国城市失业、贫困、收入差距的经验分析》,中国财政经济出版社 2004 年版。

[22]《列宁全集》第 31 卷,人民出版社 1985 年版。

[23] 刘玉亭:《转型期中国城市贫困的社会空间》,科学出版社 2004 年版。

[24] 马克思:《资本论》,人民出版社 1975 年版。

[25] 马维纲:《禁娼禁毒》,警官教育出版社 1993 年版。

[26]《毛泽东选集》,人民出版社 1951 年版。

[27]《马克思恩格斯选集》第 3 卷,人民出版社 1972 年版。

[28] 孟昭华等:《中国民政思想史》,中国社会出版社 2000 年版。
[29] 孟昭华、王明寰:《中国民政史稿》,黑龙江人民出版社 1992 年版。
[30] 汝信、陆学艺、李培林主编:《社会蓝皮书 2005 年:中国社会形势分析与预测》,社会科学文献出版社 2004 年版。
[31] 邵雷、陈向东编著:《中国社会保障制度改革》,经济管理出版社 1991 年版。
[32] 时正新:《中国社会救助体系研究》,中国社会科学出版社 2002 年版。
[33] 世界银行编,陈胜华、杜晓山、周慧媛译:《贫困与对策》(1992 年减缓贫困手册),经济管理出版社 1996 年版。
[34] 宋晓梧:《中国社会保障体制改革与发展报告》,中国人民大学出版社 2001 年版。
[35] 孙健忠:《台湾地区社会救助发展之研究》,私立中国文化大学中山研究所,博士论文,1994 年。
[36] 孙健忠:《台湾社会救助制度实施与建构之研究》,时英出版社 2002 年版。
[37] 孙立平:《转型与断裂》,清华大学出版社 2004 年版。
[38] 唐钧等:《中国城市贫困与反贫困报告》,华夏出版社 2003 年版。
[39] 唐钧:《中国城市居民贫困线研究》,上海社会科学院出版社 1998 年版。
[40] 唐钧:《社会政策国际经验与国内实践》,华夏出版社 2001 年版。
[41] 王朝明:《转型期城镇反贫困理论与实践研究》,西南财经大学出版社 2004 年版。
[42] 王思斌主编:《中国社会工作研究》(第一辑),社会科学文献出版社 2002 年版。

[43] 王顺民:《社会福利服务:困境、转折与展望》,亚太图书公司 1999 年版。

[44] 王卓:《中国贫困人口研究》,四川科学技术出版社 2004 年版。

[45] 卫兴华、魏杰主编:《中国社会保障制度研究》,中国人民大学出版社 1994 年版。

[46] 徐海波:《中国社会转型与意识形态问题》,中国社会科学出版社 2003 年版。

[47] 杨伟民编著:《社会政策导论》,中国人民大学出版社 2004 年版。

[48] 尹世洪主编:《当前中国城市贫困问题》,江西人民出版社 1998 年版。

[49] 张家敏:《建国以来:1949—1997》,香港政策研究所出版社 1997 年版。

[50] 张新伟:《市场化与反贫困路经选择》,中国社会科学出版社 2001 年版。

[51] 郑邦才、王朝明、申晓梅主编:《西南城市居民最低生活保障研究》,西南财经大学出版社 2000 年版。

[52] 郑功成:《中国社会保障论》,湖北人民出版社 1994 年版。

[53] 郑功成:《论中国特色的社会保障道路》,武汉大学出版社 1997 年版。

[54] 郑功成:《社会保障学——理念、制度、实践与思辨》,商务印书馆 2000 年版。

[55] 郑功成:《中国社会保障制度变迁与评估》,中国人民大学出版社 2002 年版。

[56] 郑功成:《构建和谐社会——郑功成教授演讲录》,人民出版社 2005 年版。

[57] 郑杭生、李路路主编:《中国人民大学中国社会发展研究报告2005——走向更加和谐的社会》,中国人民大学出版社 2005 年版。

[58] 中国城镇贫困研究课题组:《城镇贫困:中国发展的新挑战》,经济科学出版社 2003 年版。

[59] 中国(海南)改革发展研究院编:《中国的承诺——本世纪末消灭贫困》,中国经济出版社 1998 年版。

[60]《中国社会保障制度总览》编辑委员会:《中国社会保障制度总览》,中国民主法制出版社 1995 年版。

[61]《中华人民共和国民政部大事记》编委会:《中华人民共和国民政部大事记(1949—1986)》,中国社会出版社 2004 年版。

[62] 中央文献研究室编:《建国以来中央重要文献汇编》,中央文献出版社 1991 年版。

[63] 周晓虹:《中国社会与中国研究》,社会科学文献出版社 2004 年版。

[64] 朱光磊:《中国的贫富差距与政府控制》,上海三联书店 2002 年版。

[65] 阿马蒂亚·森:《贫困与饥荒》,商务印书馆 2001 年版。

[66] 阿马蒂亚·森:《以自由看待发展》,中国人民大学出版社 2002 年版。

[67] 英国国际发展部(DFID):《中国城市贫困研究最终报告》(授权协议 CNTR034700 合同号 CNTR045394)。

[68] 达尔默·D. 霍斯金斯(Dalmer D. Hoskins)等编,侯宝琴译:《21世纪初的社会保障》,中国劳动社会保障出版社 2004 年版。

[69] 考斯塔·艾斯平-安德森著,郑秉文译:《福利资本主义的三个世界》,法律出版社 2004 年版。

[70] 威廉姆·贝弗里奇等著,劳动和社会保障部社会保险研究所译:《贝弗里奇报告——社会保险和相关服务》,中国劳动社会保障出版社2004年版。

[71] 罗兰·斯哥(Roland Sigg)等编,华迎放等译:《地球村的社会保障——全球化和社会保障面临的挑战》,中国劳动社会保障出版社2004年版。

中文期刊文献

[1] 蔡昉、吴要武、John Giles & Albert Park:"经济重组如何影响城市职工的就业和福利",《中国劳动经济学》2004年第一卷第1期。

[2] 陈映芳:"中国城市下层研究的经纬和课题",《江苏行政学院学报》2004年第3期。

[3] 成志刚:"社会转型期我国城镇贫困问题及扶贫对策研究",《湘潭大学学报》(哲学社会科学版)1998年第6期。

[4] 邓晓钢、安·柯迪利埃:"致富是光荣的:当代中国增长着的期望、降低着的控制以及逐步升级的犯罪",载于周晓虹:《中国社会与中国研究》,社会科学文献出版社2004年版。

[5] 樊平:"中国城市的低收入群体——对城镇在业贫困者的社会学考察",《中国社会科学》1996年第4期。

[6] 高冬梅:"新中国建立初期弱势群体及其社会救助研究",《中共党史研究》2005年第4期。

[7] 关信平:"全球经济竞争与社会政策发展——兼析加入世贸组织以后我国社会政策面临的问题",《江苏社会科学》2002年第3期。

[8] 关信平:"现阶段我国城市贫困问题的特点及原因分析",《东南学术》2002年第6期。

[9] 洪兴建、高鸿桢:“反贫困效果的模型分解法及中国农村反贫困的实证分析”,《统计研究》2005 年第 3 期。

[10] 胡景北:“中国经济发展过程中的城市贫困的理论分析”,载于李实:《经济转型的代价——中国城市失业、贫困、收入差距的经验分析》,中国财政经济出版社 2004 年版。

[11] 胡鞍钢、李春波:“新世纪的新贫困:知识贫困”,《中国社会科学》2001 年第 3 期。

[12] 贾瑞霞:“从‘华盛顿共识’到‘渐进—制度观’——中东国家转型理论探析”,《国外社会科学》2004 年第 4 期。

[13] 景晓芬:“社会排斥理论研究综述”,《甘肃理论学刊》2004 年第 2 期。

[14] 景天魁:“最低生活保障制度:特点和意义”,《中国社会科学院研究生院学报》2004 年第 4 期。

[15] 孟昕、Robert Gregory、王有捐:“1986—2000 年中国城市的贫困、不平等及其增长”,《中国劳动经济学》2004 年第 1 卷第 1 期。

[16] 李春成:“价值观念与社会福利政策选择——以美国公共救助政策改革为例”,《复旦学报》(社会科学版)2004 年第 6 期。

[17] 李路路:“社会变迁:风险与社会控制”,《中国人民大学学报》2004 年第 2 期。

[18] 李强:“中国城市贫困层问题”,《福州大学学报》(哲学社会科学版)2005 年第 1 期。

[19] 李实、古斯塔夫森,“八十年代末中国贫困规模和程度的估计”,《中国社会科学》1996 年第 6 期。

[20] 刘伟能、孙士杰、唐钧、朱勇:“建立中国城市居民最低生活保障线制度的研究报告”,《社会工作研究》1995 年第 6 期。

[21] 童星、林闽纲:“我国农村贫困标准线研究”,《中国社会科学》1993年第3期。

[22] 胡鞍钢、李春波:“新世纪的新贫困:知识贫困”,《中国社会科学》2001年第3期。

[23] 彭华民:“社会排斥与社会融合——一个欧盟社会政策的分析路径”,《南开学报》(哲学与社会科学版)2005年第1期。

[24] 戚攻:“论中国社会转型中的‘边缘化’”,《西南师范大学学报》(人文社会科学版)2004年第1期。

[25] 钱志鸿、黄大志:“城市贫困、社会排斥和社会极化——当代西方城市贫困研究综述”,《国外社会科学》2004年第1期。

[26] 孙迪亮:“社会转型期城市弱势群体的特征、成因及扶助”,《理论研究》2003年第1期。

[27] 唐钧:“最后的安全网——中国城市居民最低生活保障制度的框架”,《中国社会科学》1998年第1期。

[28] 唐钧:“确定中国城镇贫困线方法的探讨”,《社会学研究》1997年第2期。

[29] 唐钧、王婴:“城市‘最低收入保障’政策过程中的社会排斥”,《中国社会工作研究》(第一辑),2002年。

[30] 唐钧:“城市扶贫和可持续生计”,《江苏社会科学》2003年第2期。

[31] 唐钧:“中国的城市贫困问题与社会救助制度”,《江海学刊》2001年第2期。

[32] 童星、刘松涛:“我国城市最低生活保障制度中的问题与对策”,《学海》2000年第4期。

[33] 汪雁、慈勤英:“城市贫困人口社会救助理念建设滞后的探讨”,《人口学刊》2000年第6期。

[34] 汪雁、慈勤英:“中国传统社会救济与城市贫困人口社会救助理念建设”,《人口学刊》2001 年第 5 期。

[35] 王朝明:“城市扶贫的一项制度变迁——最低生活保障及其文化伦理约束透析”,《财经科学》1999 年第 1 期。

[36] 王大超、张远军:“转型期中国贫困问题的类型判断”,《经济纵横》2002 年第 5 期。

[37] 王思斌:“当前我国社会保障制度的断裂与弥合”,《江苏社会科学》2004 年第 3 期。

[38] 肖冬连:“中国二元社会结构形成的历史考察”,《中共党史研究》2005 年第 1 期。

[39] 谢桂华:“市场转型与下岗工人”,《社会学研究》2006 年第 1 期。

[40] 徐月宾、张秀兰:“中国政府在社会福利中的角色重建”,《中国社会科学》2005 年第 5 期。

[41] 杨冬民、孙小娜:“贫困理论中若干问题的国际比较与启示”,《西安电子科技大学学报》(社会科学版),2004 年第 4 期。

[42] 杨宏:“贫困致因及反贫困立法选择研究”,《理论学刊》2004 年第 10 期。

[43] 姚建平:“我国贫困群体的政府救助演变——责任、理念与政策的综合视角”,《理论与现代化》2005 年第 1 期。

[44] 杨立雄:“中国城镇居民最低生活保障制度的回顾、问题及政策选择”,《中国人口科学》2004 年第 3 期。

[45] 赵文远:“1958 年中国改变户口自由迁移制度的历史原因”,《史学月刊》2004 年第 10 期。

[46] 张艳萍:“体制转轨中城市贫困形成的原因及其救助的政策措施”,《工业技术经济》2004 年第 3 期。

[47] 张玉林:“迁徙的自由是如何失去的——关于1950年代中期的农民流动与户籍制度”,摘自王思明主编:《20世纪中国农业与农村变迁研究》,中国农业出版社2003年版。

[48] 曾群、魏雁滨:“失业与社会排斥:一个分析框架”,《社会学研究》2004年第3期。

[49] 郑杭生、李迎生:“全面建设小康社会与弱势群体的社会救助”,《中国人民大学学报》2003年第1期。

[50] 周晶:“社会排斥理论视角中弱势阶层的概念界定及其生成原因”,《学术探索》2004年第1期。

[51] 朱玲:“计划经济下的社会保护评析”,《中国社会科学》1998年第5期。

[52] 弗雷德里克(Frederick C. Turner)、亚历杭德罗(Alejandro J. Corbacho):“国家的角色”(中文版),《国际社会科学杂志》2001年第1期。

[53] R.哈特等整理,王延中等译:“转型社会的可持续经济发展与中国未来”,《国外社会科学》2005年第3期。

[54] 哈夫瑞利夏恩、沃尔夫著,华淑华译,陈威校译:“转型国家经济增长的决定因素”,《国外社会科学》2000年第3期。

[55] 盖达尔著,全顺芳译,何百华校译:“俄罗斯危机给转型国家带来的教训”,《国外社会科学》2000年第3期。

外文著作

[1] [德]西梅尔(G. Simmel)著,居安正译:《社会学》,白水社1994年版。

[2] [德]西梅尔(G. Simmel)著,清水几太郎译:《社会学的根本问

题——个人与社会》,岩波书店 1979 年版。

[3] [日]副田义也:《生活保护的社会史》,东京大学出版社 1994 年版。

[4] [日]副田义也:《日本文化试论》,新曜社 1993 年版。

[5] [日]福利士养成讲座编辑委员会:《社会福利概论》,中央法规出版社 1997 年版。

[6] Atkinson A. B., *The Economic Consequences of Rolling Back the Welfare State*. Cambridge, Mass. : MIT Press, 1999.

[7] Atkinson A. B., Cantillon E., Marlier E. and B. Nolan, *Social Indicators: The EU and Social Exclusion*. Oxford University Press, 2002.

[8] Branko Milanovic (collection title: World Bank Regional and Sectoral Studies), *Income, Inequality, and Poverty during the Transition from Planned to Market Economy*, published by World Bank, Washington, D. C., 1998.

[9] Branko Milanovic, *Review of Income and Wealth*, Series 45, Number 1, March 1999.

[10] Castells M., *End of Milllenium*. Oxford: Blackwell, 1998.

[11] Ci J., *Dialectic of the Chinese Revolution: From Uptopianism to Hedonism*. Stanford, CA: Stanford University Press, 1994.

[12] Day P. J., *A New History of Social Welfare*. Boston: Allyn & Bacon, 1989.

[13] Dean H., *Social Security and Social Control*. London: Routledge, 1991.

[14] George V. & I. Howard, *Poverty Admist Affluence: Britain and the United States*. Hants, England: Edward Elgar, 1991.

[15] Gladstone D. (ed.), *British Social Welfare: Past, Present and Future*. London: UCL, 1995.

[16] Gordon D. et al., *Poverty and Social Exclusion in Britain*. York: Joseph Rowntree Foundation, 2000.

[17] Jacobs J., *The Economy of Cities*, New York: Random House, 1969.

[18] Khan A. & Riskin C., *Inequality and Poverty in China in the Age of Globalization*. New York: Oxford University Press, 2001.

[19] Midgley J., *Social Development: The Developmental Perspective in Social Welfare*, London: Sage Publications, 1995.

[20] Novak T., *Poverty and the State: A Historical Sociology*. Milton Keynes: Open University Press, 1988.

[21] P. Boone, S. Gomulka and R. Layard (eds.), *Emerging from Communism: Lessons from Russia, China, and Eastern Europe*. The MIT Press, Cambridge, Mass. and London, 1998.

[22] Pete Alcock, *Understanding Poverty*. The Macmillan Press Ltd., 1993.

[23] Peter Townsend, *The International Analysis of Poverty*. Harvester Wheatsheaf Press, 1993.

[24] Peter Townsend and David Gordon, *World Poverty: New Policies to Defeat an Old Enemy*. The Policy Press, 2002.

[25] Popple P. R. & L. H. Leighninger, *Social Work, Social Welfare, and American Society*. Boston: Allyn and Bacon, 1990.

[26] Rodgers G., G. Gore C. & Figueiredo J. B. (Ed.), *Social*

Exclusion: *Rrhetoric*, *Rreality*, *Responses.* Geneva: International Institute for Labour Studies, 1995.

[27] Room G., *New Poverty in the European Community*. London: Macmillan, 1990.

[28] Rowntree B. S. , *Poverty*: *A Study of Town Life*. London: Macmillan,1901.

[29] Social Exclusion Unit, *Prevention Social Exclusion*. Social Exclusion Unit at the Office of the Deputy Prime Minister in the Cabinet, London,United Kingdom, 2001.

[30] Thomas R. Dye & Virginia Gray, *The Determinants of Public Policy*. D. C. Health and Company Lexington, Massachusetts Toronto, 1988.

[31] Townsend P., *Poverty in the United Kingdom*: *A Survey of Household Resource and Standard of Living*. Penguin, 1979.

[32] United Nations Children's Fund (UNICEF), *Education for All*? The MONEE Project Regional Monitoring Report No. 5, UNICEF International Child Development Centre, Florence, 1998.

外文论文

[1] B. Gustafsson and Li Shi, "The Structure of Chinese Poverty," *Developing Economies*, 36(4), Dec. 1998.

[2] B. Gustafsson and Wei Zhong, "Research Notes-How and Why has Poverty in China Changed? A Study Based on Microdata for 1988 and 1995," *China Quarterly*, Dec. 2000.

[3] Brookings Papers on Economic Activity. Vol. 2001, No. 2.

[4] Burchardt T., Le Grand J. & Piachaud D., "Social Exclusion in Britain 1991-1995," *Social Policy & Administration*, Vol. 33(3), 1999.

[5] Carl Riskin and Li Shi, "Chinese Rural Poverty Inside and Outside the Poor Regions," in Riskin, Zhao and Li, eds., *China's Retreat from Equality: Income Distribution and Economic Transition*, New York: M. E. Sharpe, 2001.

[6] Castel R., "The Roads to Disaffiliation: Insecure Work and Vulnerable Relationships," *International Journal of Urban and Regional Research*, Vol. 24(3), 2000.

[7] Ernest H. Wohlenberg, "Public Assistance Effectiveness by States," *Annals of the Association of American Geographers*, Vol. 66(3), 1976.

[8] Fan S., Fang C., Zhang X., "Agricutural Research and Urban Poverty: the Case of China," *World Development*, 31(4), 2003.

[9] Joe C. B. Leung & Hilda S. W. Wong, "Emergence of a Community-Based Social Assistance Programme in Urban China," *Social Policy & Administration*, Vol. 33, No. 1, March 1999.

[10] Knight John, "Trends in Poverty, Equality and the Achievement of International Development Targets in China," paper prepared for the DFID China Programme Retreat, 29 June, 2000.

[11] Littlewood, P. & Herkommer, S., "Identifying Social Exclusion: Some Problems of Meaning," in Paul Littlewood, Ignacc

Glorieux, Sebastian Herkommer & Ingrid Jonsson (eds.), *Social Exclusion in Europe: Problems and Paradigms*, Aldershot: Ashgate Publishing Limited, 1999.

[12] Michael Keen, "Needs and Targeting," *The Economic Journal*, Vol. 102, 1992.

[13] Park R. E., "Sociology and Social Science: The Social Organism and the Collective Mind," *American Journal of Sociology*, 27(1), 1921.

[14] Petra Buhr, "Social Assistance in OECD Countries," *European Sociological Review*, Vol. 15, No. 1, 1999.

[15] Peter S. Albin and Bruno Stein, "Determinants of Relief Policy at the Sub-Federal Level," *Southern Economic Journal*, Vol. 37, 1971.

[16] Ravallion, M. and Chen, S., "What Can New Survey Data Tell Us about Recent Changes in Distribution and Poverty?" *World Bank Economic Review*, 11(2), 1997.

[17] Robert G. Mogull, "Determinants of States' Welfare Expenditures," *The Journal of Socio-Economics*, Vol. 22(3), 1993.

[18] Room G., "Poverty and Social Exclusion: The New European Agenda for Policy and Research," in G. Room (ed.), *Beyond the Threshold*. Bristol: Policy Press, 1995.

[19] Room G. et al., "Observatory on National Policies to Combat Social Exclusion," Second Annual Report, Commission of the European Communities, DGV, 1992.

[20] Shujie Yao, "Economic Growth, Income Inequality and Poverty

in China under Economic Reform," *the Journal of Development Studies*, Vol. 35(6), 1999.

[21] Spitzer R. J., "Introduction: Defining the Media-Policy Link," in Spitzer R. J. (ed.), *Media and Public Policy*, Westport, CT, U. S. A.: Praeger, 1993.

后　记

本书初稿是我的博士论文。在选题、构思和文献搜集工作基本完成后，我有机会到日本早稻田大学学习进修，并在那里开始了初稿的写作工作。

来往于早稻田大学的几个图书馆间，我有时会为花去一天却无功而返感到懊恼，也有时为找到一个数据、一个文件而欣喜若狂；在写作思路戛然而止之时，或感到柳暗花明之刻，个中滋味只能独自体会；在樱花开放的季节，我甚至吝啬一点时间去"放纵"一下自己。一个朋友这样评价我的生活：单纯得每天除了考虑吃什么之外，就是考虑写什么。现在回想起来，只觉得那段日子单纯而美好。在导师、朋友、同学和家人的鼓励与支持下，我终于完成了博士阶段的研究论文。

掐指算来，毕业已一年半了。在学习、教学、科研和个人生活中，我深深地体会到了在其中把握平衡的难度，备感压力。然而，我始终坚持做的是，不断思考、再思考我的研究命题，利用各种机会（会议、约见、拜访等）与前辈和同行探讨问题与交流思想，使本书稿最终得以完成。

在此之际，我衷心感谢我的导师郑功成教授，他所给予我的，远不止知识的传授，他严谨的治学态度、丰富的学术造诣、孜孜不倦的探索精神以及充满着人文关怀的研究热情都深深地影响了我、改变了我。他不仅指引我走上从事社会保障领域研究的道路，而且必将是我不敢懈怠、坚持走下去的榜样和支柱。感谢中国人民大学劳动人事学院的众多老师,他们或为我提供研究资料,或提出宝贵建议,或给予生活关心,使我能够专心写作。感谢中央财经大学保险学院的领导和同事们,你们的鼓励和支持是我完成教学、科研任务之余完成本书的必要条件。感谢唐钧、陈良谨、洪大用等老师!他们在博士论文的写作过程中,提出了针对性建议。日本浦和大学的沈洁教授、明治大学的钟家新教授也给予了耐心指导。人力资源和社会保障部劳动科学研究所的哈晓斯老师通读全书,在专题研究和文字方面提出建设性意见。这里一并表示衷心的感谢!

衷心感谢商务印书馆出版这本书!

我把它视为我生活的起点,一切从这里开始……

于秀丽

2008年3月31日